U0598086

生活因阅读而精彩

生活因阅读而精彩

优秀店长这样当

雷冰◎编著

中国华侨出版社

图书在版编目(CIP)数据

优秀店长这样当 / 雷冰编著.—北京：
中国华侨出版社,2013.9

ISBN 978-7-5113-4048-1

Ⅰ.①优…　Ⅱ.①雷…　Ⅲ.①商店–商业管理
Ⅳ.①F717

中国版本图书馆 CIP 数据核字(2013)第220381号

优秀店长这样当

编　　著 / 雷　冰

责任编辑 / 文　喆

责任校对 / 孙　丽

经　　销 / 新华书店

开　　本 / 787 毫米×1092 毫米　1/16　印张/18　字数/250 千字

印　　刷 / 北京建泰印刷有限公司

版　　次 / 2013 年 11 月第 1 版　2013 年 11 月第 1 次印刷

书　　号 / ISBN 978-7-5113-4048-1

定　　价 / 33.80 元

中国华侨出版社　北京市朝阳区静安里 26 号通成达大厦 3 层　邮编:100028

法律顾问:陈鹰律师事务所

编辑部:(010)64443056　　64443979

发行部:(010)64443051　　传真:(010)64439708

网址:www.oveaschin.com

E-mail:oveaschin@sina.com

　　我们常说不想当将军的士兵不是好士兵，因为对于士兵来说，将军是一个目标，也是一个进步的方向。对于店铺人员来说，不想当店长的店员不是好店员。店长，同样是店员的一个目标，一个进步的方向。所以，作为店员，应该立志把自己培养成店长，让自己成长为一个店长型的人才。把自己的事业向前推进一步，会收获更多的快乐，更多的成就感。

　　何谓店长型人才？即像店长一样，集领导力、解决力、决断力等各种优秀素质于一身，最重要的是，他必须拥有强烈的责任心，对店铺的事情全权负责。事实上，这些素质不管你要不要成为店长，都已经成为不可或缺的能力。

　　那么，究竟要怎样做才能把自己培养成一个店长呢？换句话说，优秀店长要如何当？面对这样的问题，一些已经成为优秀店长的过来人为我们指明了方向，总共有 15 个方面，现在我们把它们罗列如下：店铺筹备能力、形象打造能力、店铺布置能力、商品陈列能力、店员培训能力、店员激励能力、团队缔造能力、顾客管理能力、商品管理能力、日常管理能力、有效促销能力、快速成交能力、自我塑造能力、投诉解决能力、危机处理能力。也就是说，一个普通的店铺人员，只要从以上 15 个方面来提高自己，就有可能成为一名真正的、优秀的店长。

基于这一点，本书从以上 15 个方面入手，利用事例和讲解、分析对这些能力的方方面面进行了阐述，让您在学习知识的同时，切实提高自己。我们相信，该书能让您在成长为店长的路上，少走很多弯路，能够比别人更快、更早地获得店长的位置。时间就是金钱，时间就是成功，抓紧行动，细细品味该书，相信您能收获一个不一样的人生。

目录 CONTENTS

第**⑮**堂课 | **防患于未然：**
危机处理能力的培养

第 1 堂课

基础要夯实
店铺筹备能力的培养

　　万事开头难，一个店铺筹备得好还是不好，将直接影响到最后的成败。因此，店铺筹备能力是店长型人才必须具备的首要能力。要想提高这方面的能力，就应该搞清楚几个问题。比如说，我要开什么店？在哪里开店？选择什么样的店面？具备什么样的开店心态？等等。

开店心态，成熟之后方能成功

①什么叫开店心态？

②什么样的开店心态是不成熟的开店心态？

③如何知道自己的开店心态是否成熟？

④如果自己的开店心态不成熟，该如何改正？

我们常说"心态决定命运"，其实在店铺筹备过程中，这句话同样适用。为什么这么说呢？因为一个人如果不具备良好的开店心态，那么在店铺筹备的过程中就很容易出错，以至于店铺无法成功开业。从这个角度来说，一次成功的店铺筹备，不仅仅要考虑到店铺本身的因素，而且还要考虑到店铺筹备者心态的因素。心态没有摆正，店铺筹备就难以成功。

李先生曾经是个超级股迷，在熊市的那几年，确实从股市圈了不少钱，可是随着股市的低迷，李先生在股市的钱已经大大缩水，并且还有很大一部分已经被套牢，无法解套。

这该如何是好？房子要还房贷、汽车要还车贷、儿子要上学、父母要赡养……几乎一夜之间，李先生就感到自己肩上的压力很大很大。就这样，李先生趁着一个机会，从股市当中抽取出了一部分资金，准备开一个店铺，从而实现自己的赢利。

开什么店呢？李先生的想法是"赚钱越快越好"，恨不得今天投资进去，明天就会有收益。

"收益最快的就是餐饮行业了，要不你开一个饭馆吧！"一些朋友对他说。

"对，就搞餐饮，明天我就去选店面！"一想到钱，李先生连犹豫都没有犹豫就决定开一个饭馆。

就这样，在非常仓促的情况下，李先生的饭馆开张了。原本以为能够红红火火的饭馆，却在不到一个月的情况下，亏损了好几万元钱。因为李先生所选择的是非常讲究的粤菜，在快节奏的都市，这种店铺的光顾人群是较少的。即便有顾客光顾，对这种菜系的要求也是很高的，而李先生因为没有多少钱，所以请不到特别正宗的粤菜厨师，菜品质量自然不好，一些顾客来了第一次，就明确表示不会再来第二次。

就这样，李先生的创业宣告失败，结果不仅没有挣到钱，还亏本了好几万。

李先生开餐馆为什么会失败？究其原因，是李先生"想钱想疯了"。这就使得他的开店心态已经受到了严重的影响，从而影响了他的判断。由此可见，想要开好店，首要做的事情便是调整好自己的心态。那么在店铺筹备过程中，哪些不良心态是要避免的呢？总的来说，有以下几种。

（1）急功近利的心态

追求名利本无可厚非，但如果追名逐利之心太切，就会对自己的事业产生不良影响。店主求名之心可能相对淡些，但逐利之心一般很强。因此，应该时刻警惕这种心态的出现。越是急功近利者越不容易得到功利，因为别人能做的事情自己未必能做，况且别人看好的事情有时也是盲目的。

急功近利的心态往往表现在如下两个方面：

第一，目光短浅。一叶障目，不见泰山，只闻到了芝麻的香，而忘却了西瓜的甜；只看到目前的情况，而没有长远规划；头痛医头，脚痛医脚，是急功近利者一贯的行为方式。为了治好头而不顾脚，为了治好脚又可以不顾头了。为了摆脱眼前的情况，可以不顾未来的利益；为了求得一时的痛快，而以长远的痛苦为砝码，其实这往往是得不偿失的。

第二，随波逐流。这种人总是盲从世俗，脑袋长在人家的脖子上，别人说什么就是什么。别人说开饭店挣钱，他便将理发店改成了饭店；别人说开花店挣钱，他便把饭店又改成了花店。看别人做什么，他就做什么，跟在别人的屁股后面转，自然挣不到钱。

(2) 过分乐观的心态

乐观向上的心态是成功的关键之一，但过于乐观往往会遭到现实无情的打击。什么是过于乐观？就是一个人建立在自我评价基础上的意识状态往往扩大现实的自我，形成错误的、不切实际的理想自我。在这种心态下，行为人往往盲目乐观，这实际上是一种不成熟的表现。对于开店赚钱的期许，用句大俗话来说：前途是光明的，道路是曲折的。

(3) 决策依赖的心态

很多人投资店铺缺乏主见，依赖性很强，有的甚至将信任全部外托，这会吃大亏。其实，对待投资自己需谨慎思考，判断过程不可过于依赖别人，自己要主动深入了解更多细节，因为最终也只有自己来承担决策的后果。

(4) 免费午餐的心态

"世上没有免费的午餐"，也不存在"没有风险的投资产品"，对于产品出售方所宣称的没有风险的产品，尤其要提高警惕。例如在所投资店铺类别中，包租销售是听起来最没有风险的，但却是套牢投资者最多的类型。特别是对一些宣称"零加盟费"的"店铺加盟"，更是应该仔细考察、谨慎决策。

选对行业，走好开店第一步

"女怕嫁错郎，男怕入错行。"这是一句古话，也是一句值得所有想要进入店铺零售行业的人警醒的话。特别是在店铺筹备的过程当中，一定要谨记一点：找到适合自己的行业。找对行业，是成功开一个店铺的首要条件，只有明白自己适合哪个行业，才能知道"卖什么商品"、"在哪里开店"、"该如何装修"、"该如何营销"等问题的答案。

为什么开店铺之前要找到适合自己的行业呢？关键的一点：隔行如隔山。每一个行业，都有自己的一套规则和规律；每种生意，都有自己的特点。不熟悉这个行业或不熟悉这种生意，若贸然进入，就如同进入一个黑暗的房子，不知东西南北，容易失去方向。再说得明白透彻一点：任何一个行业，都是内行赚外行的钱，要想在这个行业赚钱，就要先变成内行。这一点非常重要。任何项目、任何行业都不是三两天可以摸透的。不要把一个行业想得太简单，相关的行业经验非常重要。如果你对某个领域不熟悉，无论别人赚多少钱都不要去跟风。你跟风就可能会做别人的垫脚石。

2008 年，小易大学毕业，在家人的安排下当了一名教师。但是，他从小就有创富梦，渴望有新的发展空间。于是在短短的一年之后，他不顾家里人的反对，毅然放弃已经到手的好工作，下海经商——开自己的小店铺。

可是，开一个什么样的店铺呢？这是摆在小易面前的现实问题。刚开始的时候，他准备开一个小超市，毕竟在自己的农村老家，还没有一家像样的超市。可是他经过调查研究之后发现：在农村，超市行不通。为什么这么说呢？有两个很简单的原因：

第一，农村人不喜欢在超市购买东西，而喜欢在集市上购买。在小易的老家，每个星期都会有一个集市，附近村子里的人都会到这个集市赶集，而集市里的商品几乎能够满足日常生活的需要，这就给超市带来了很大的冲击。

第二，超市的商品明码标价，和农村人喜欢讨价还价的习惯不符。如果不讨价还价，他们就会觉得自己吃亏了。所以他们宁愿到集市上讨价还价，也不愿意到超市里购物。这样一来，生意就更加受影响了。

超市开不成，到底做什么合适呢？小易还在寻找新的方向和切入点。要不在市里面开个咖啡厅？毕竟随着城市化进程的加快，这种"洋生活方式"越来越受欢迎。可是当地人对茶非常喜欢，比如说铁观音、绿茶、大红袍之类的茶叶，非常受欢迎，所以咖啡店的前景自然不是非常好。

最终，在朋友的建议下，他认清了美容业才是他最熟悉的、最有发展希望的行业。毕竟爱美之心，人皆有之，更何况自己在这方面有很大的兴趣和造诣，开这样一家店铺，前途不可限量。于是小易全身心地投入美容业，"美丽人生"正式起航。事实证明，他的判断是正确的，短短1年时间，"美丽人生"已经有了很大的发展。

俗话说得好，打工不如开店。可是开什么店呢？这就是人们最常遇到的一个问题。我们也经常能够看到这样一种情况：一些人在没有经过调查研究的情况下，随意进入一个行业开店，效果相当不理想，不仅没有挣到钱，而且还赔了不少。

那么在选择行业的时候，如何判断自己所选的行业是不是适合自己呢？

自己进入这个行业能否获得利润呢？可以从以下几个问题的回答入手。

(1) 这是与自己个性相符的行业吗？这种行业对营业时间有何要求？

(2) 所选择的行业在 5 年之内前景如何？容易致富吗？

(3) 需要特殊的专门技术或知识吗？若必须要有的话，学习的方法又在哪里？

(4) 这个行业的商品进货渠道是否很多？毛利率为多少？是否采用现金交易？

(5) 这是可以活用自己的经验及所学知识的行业吗？

(6) 它是能够获得家人赞成和协助的行业吗？我需要雇用人员吗？

(7) 进入此行业经营，开业需要多少资金？能全部筹措到吗？

(8) 需要取得何种执照、许可与登记注册？有没有相应的法律规范？若有的话，我是否符合相应的条件？

(9) 所选择的行业的优点及缺点有哪些？其特点怎样？如选择了没有经验的行业，那么它应该是风险低的行业，符合这一条件吗？

(10) 商店需要哪些设备？费用开销如何？

(11) 我是否具备抵抗风险的能力？

当今社会的竞争已到了相当激烈的程度，业内的行家里手存活尚且不易，更何况一个外行人。什么该做，什么不该做，你不知道；哪里是陷阱，哪里是坦途，你还是不知道，那你只有处处被动，时时挨打的分儿。

因此，在准备开店的时候，一定要选择好自己的行业。可以做自己最熟悉的生意，做自己最拿手的生意，也可以做最有发展前景的生意，这样才最容易成功。总的来说，开店风险较大，稍有不慎，就会面临失败之境地。特别是对于一些年轻人来说更是如此，初入社会，阅历不足，技能相对薄弱，创业开店失败的风险会更高，加之经济基础也相对较弱，心理承受能力也相对欠佳，失败的概率就会成倍提高。因此，创业开店应慎之又慎，要充分了解与创业相关的知识及技能，避免盲目创业。

选择店面，不能只见资金不见全局

①在选择店面时，你是否会考虑资金的因素？

②你觉得如果仅仅考虑资金因素，会给店面的选择带来哪些不利的影响？

③一个店面的选择，你觉得除了资金因素之外，还要考虑哪些因素？

④在考虑各个因素的时候，该如何综合协调彼此之间的关系？

开店铺之前，必须在很多方面都要做好准备工作，毕竟我们常说一句话，好的开始等于成功的一半。特别是在店铺筹备之选择店面的问题上，更是要花费店主很大的心血。选择一个店铺根据的是什么标准呢？即在选择店面的时候，要考虑什么因素呢？很多人的答案都是资金。即资金充足的话，就可以选择好一点的店面，如果资金不充足的话，就应该选择差一点的店面。

那么事实果真如此吗？显然不是。选择店面，资金问题当然要考虑，但是不能让它束缚住我们的手脚，那样只会让店铺生意冷清，最后不得不关门大吉。

赵老板是安徽人，学得一手正宗的安徽菜，于是准备在北京开一家主营安徽地方菜的餐馆。在选择店面的时候，他就考虑到了一个非常现实的问题：手头上的资金并不多，如果要把餐馆开在繁华闹市区，资金自然不够。

于是赵老板在思前想后之后，就把餐馆开在了一个属于城乡结合部的地方。为什么要把餐馆开在这个地方呢？

一方面，这里的房子租金便宜，对于缓解自己资金的压力是非常有帮助的。

另一方面，这里附近所居住的人群一般都是打工族，并且以单身居多。这些单身者一般都不会自己做饭，三餐都在外面"凑合"，这样一来，客源是不愁了。

既然这个位置如此合适，餐馆哪还有开不起来的道理？于是赵先生的"徽家"餐馆就隆重开业了。

刚刚开业的几天，确实有很多附近的居民来尝个新鲜，凑个热闹，生意还过得去。可是十天半个月之后，生意就明显差了下来，不仅新顾客没有来，而且老顾客也不愿意来了。为什么会这样？赵老板苦苦思考着原因。

后来有一次在和一个邻居聊天的时候，邻居告诉他："你家的菜系和口味都不错，但你家的店面并不是特别好，离人们住的地方有点远，谁愿意跑这么远来吃顿饭呢？更何况，这里的流动人口并不是很多，大家一个月吃你家一次也就差不多了，谁愿意天天来吃呢？你啊，要想做生意，还得把店面开到城市里面，那里好挣钱啊。"

听了邻居的提醒之后，赵老板才恍然大悟。刚开始选择店面时仅仅是从资金的角度考虑，却不知道，资金是省了，可是生意也没了。于是三个月合同期满后，赵老板立刻重新选择店面，最后在一个合适的地方重新开张，生意很是红火。

其实在店铺筹备的过程当中，像事例中赵先生一样，仅仅从资金的角度来考虑问题的人并不少。而且结果基本上都一样：刚开业的时候生意红火，一旦时间长了，生意就会受到影响。选择店面，并不是随随便便租个场地就可以的，除了要考虑资金问题之外，还要考虑很多其他的因素。比如说要考虑周边环境、人群消费水平、交通状况等，只有这些因素都符合开店的要求，这个店铺才能真正开起来，生意才能红火。

那么，在店面的选择上，究竟要怎么做呢？

（1）根据商品的特性确定店面地址

选择店面，一定要和自己所要出售的商品或服务相协调。如果是大型店，店面应尽量选择在大马路边。同时也需考虑交通状况，如客人需较长时间停留，附近宜有停车设施，以免流失开车的顾客层。除非是"只此一家，别无分号"那种极具特色的店铺，否则就要尽量避免开在巷内。另外，如果是从事服务类工作的店铺，则店面地址宜选在居民区；如果是从事餐饮类的店铺，则店面地址宜选在人口密集的地区，在这样的地方，消费客流就有保证了。

（2）店面的外观及内部装饰要适宜

不同的行业所适合的店面也是不尽相同的，所以在选择店面的时候，也要考虑到这个因素。比如，专卖店类的店铺宜采用较深型的店铺；以卖速食为主的食品店，如面包店等，宜选择入口较大、深度较浅的店面，以方便顾客的购买；服装店则最好选择入口宽敞、面积较大的店面门，这样可在门口摆设打折商品，以便宜的价格来吸引过路人，店铺后段则以单价较高的商品为主，让顾客能有较多的时间慢慢挑选。

（3）店铺的所在商圈位置

店面选择的重点，不能局限于该店铺面积的大小，还应就其商品组合结构作详尽的分析，如店铺的设立地点是否能配合上班或上学的路线？商品组合结构是否能满足顾客的消费形态及需求？以此作为本店商品组合结构的参考，以明确差别，寻找空白市场，避免彼此间恶性竞争的恶果。自己店面所选择的地点附近，是否有政府机关、学校、医院、大小型展览会场、公园、游乐场所等社会性公共设施，因为这些公共设施，控制着某些特定商圈结构的成员。店铺位置的选择及商品组合结构，亦可参考这些特定成员的需求来做，以建立店铺的独特风格。

(4) 店面的转租是否方便

虽然我们开店是想要生意红火，但是我们也不能不考虑一旦生意失利，我们该如何把店面转租出去的问题。店面的成功转租与否，也将直接影响到我们最后的赢利。所以在选择店面的时候，也应该考虑到这个店面是否容易转租。如果这个店面不容易转租，那么我们就要考虑是否应该在这里开业。毕竟，不容易转租的店面从某种程度上来说就不是一个好的店面。毕竟，如果是好店面的话，谁不愿意去租呢？

总而言之，选择一个好店面，对店铺经营的成功与否有着很大的关系。作为店面的拥有者，在筹备店铺的时候，要考虑到足够多的因素，而不能仅仅把眼睛盯在资金上，那样只会坐井观天，最终影响生意。

做好预算，避免计划胎死腹中

①投资预算对于店铺顺利开张有什么样的影响？

②你懂得如何做好投资预算吗？

③你知道店铺筹备要做好哪些方面的投资预算吗？

④什么叫"实际核算法"？

要想开一个店铺，我们首先要考虑的就是开这个店铺需要多少钱，即在开店之前，要进行必要的投资预算。它是开店的前提，也是成功开店的基础和保障。如果没有资金预算的话，那么在开店的过程中你可能会遇到很多意想不到的麻烦。如果在开店之前就做好准确的投资预算，就可以帮助你对店铺的支出有一个清楚的了解，从而做到有备无患。相反，如果在开店之前没有做好投资预算，则很有可能出现胎死腹中的悲剧。毕竟，在我们身边，这样的悲剧还少吗？

王鑫大学毕业后，在一家公司上班，收入一般，在朋友的影响下，他决定辞职，开创自己的事业。经过考察，他决定开一家100平方米左右的咖啡店。

他从家人那里得到了一笔启动资金，按理说应该先做一个详细的投资预算表，但是王鑫觉得没有这个必要，该装修装修，该买设备买设备，这有什么好预算的呢？作预算简直有辱自己数学系高材生的名声。但接下来的事情就让这个数学系的高材生发懵了：咖啡店的准备工作还没进行到一半，他的启动资金就已经花去过半了。

幸亏王鑫的家底还算殷实，父母看着垂头丧气的儿子，不想让他的第一次创业就这么夭折，于是又给了他一笔钱，但是这次父母要求他必须对接下来的开支做一个预算，否则他们不会再像这次一样拨给他"救济款"了。王鑫一拍胸脯，跟父母保证自己绝对不会再超支，他已经把接下来的开支做好预算了。父母见王鑫信心满满的样子，便没有再多说什么。

有了父母的二次支持，王鑫的咖啡店装修得以顺利进行。但是问题又来了：他当初在做预算的时候，少算了购置桌椅的费用，虽然店内的装修及其他设备都已购置齐全，但是没有桌椅，这让客人来了怎么办？如果现在去添置的话，自己已经没资金了，父母也已经明确表示不会再给他增加投资。王鑫陷入了两难的境地：是继续找父母要钱把店开起来再说呢，还是现在就放弃？他突然对自己所要干的项目没有了信心，谁能保证自己的店开张之后就一定会赚呢？但是，如果现在就放弃的话，之前的努力就全白费了，而且已经投入了那么多的资金，如果自己放弃不就等于打水漂了吗？

王鑫因为没有做好准确的投资预算，进退不得。最后，他的店面因为资金不足而胎死腹中，让周围人遗憾不已。

很多时候，我们总是自以为是地把一个复杂的事情简单化，就像开店前必须要进行的投资预算一样，原本是一件严肃的事情，但是像事例中的王鑫一样，自恃自己是数学系毕业的，完全没有做预算的必要。结果证明：他的自负导致了最后店铺无法成功开业，留下很多的遗憾。

机会总是留给时刻准备着的人，可是我们该如何准备呢？对于打算开店铺的你来说，资金上的准备是非常重要的。当然，要想知道自己该准备多少资金，准确的预算是需要的。如果在这个问题上，你没有多少把握，可以请专业的投资专家帮忙做投资预算，在对商品市场进行充分的调查后，请专家对筹建及开业费用进行准确的预算。

那么投资预算的内容有哪些？又该如何进行预算呢？现简单介绍如下：

（1）了解店铺开业所需要资金的种类

开店时需要的资金，主要有固定资产、存货投资、应收账款投资、尚未达到营业损益平衡点以前负的现金流量，以及意外损失基金，等等。现在我们就来一一介绍一下：

固定资产：主要指用于购买设备、租赁地皮、店铺装修的资金，具体数额要根据店铺的实际情况（如店面的租金、设备的购置或租赁）以及当时的市场经济情况来确定。

存货资金：一般由所计划的年销售额和存货周转率来决定。应收账款是指在经营过程中顾客所欠的购货款，这种情况主要出现于商铺开始运营之后，是店铺经营中不可避免的情况，为了避免出现资金周转困难，这一部分的投资预算是十分有必要的。

预期负现金流量：一般来说，新开张的店铺很难在一开始就达到营业的损益平衡，实现完全赢利一般要经过 6~8 个月的时间，所以在刚开始的几个月时间，店铺的经营极有可能出现负现金流量，这就需要用投资来达到收支平衡。

意外损失基金：通常来说，店铺在刚开始经营的时候，难免会出现各种意外开支，所以不可能做到资金预算完全精准，因此店铺经营者需要给自己准备一笔随时可动用的储备金。但是这笔储备金的数量不可太大，占总投资金额的 15%~20%即可。如果意外损失金所占投资额的比例过大的话，店铺就有过多的资金被闲置起来，资金效率就会大大下降，不利于新店的发展。如果店铺的经营差于预期，那么店铺所遭受的经营风险就会更大。

（2）估算固定设备的投入

开一个店铺，固定设备是必需的。即便是开一个小小的打印复印工作室，你也得有电脑、复印机、打印机等固定设备资金的投入。当然，这一部分的投资所包含的方面比较广，主要包括店内装修（贴地砖、拆除墙壁、装落地门窗等）、水电以及其他硬件设施（如货架、招牌、收银机等）的购置等。

（3）核算需要筹措的投资金额

对于自己需要筹集的资金数额，可以根据新店的规模与种类来加以确定。这里我们向大家介绍一种简单实用的方法——实际核算法，这种核算方法是以新店投资额基本确定为前提，然后根据实际投资来对需要筹措的资金进行核算的方法。具有简单、精确的特点，但是在核算的过程中需要有详尽、可靠的基础资料，具体操作步骤如下。

确定投资的规模与组合。

核算需要筹措的资金总额，具体操作过程中可通过分项汇总的方法来核算筹资总额。

计算新店内部资金筹措额，即根据新店内部资金的来源，计算本期可提供的数额。

确定筹资规模，用筹资总额减去新店内部资金筹措额即可确定新店筹资规模。

根据新店筹资的评价准则进行修正。

对于开店来说，资金能够充裕一点自然是好事，但是并不意味着资金越多越好，更何况很多人并没有足够多的资金让自己"挥霍"。所以，在确定开设一个店铺之前，做好必要的投资预算是应该的，这样不仅能够让自己做到心里有数，而且还能帮助自己抵御不必要的风险，以免盲目进入一个领域，不仅没有挣到钱，还亏本不少。更重要的是，浪费了自己的时间和精力。

做好调查，知己知彼百战不殆

①开店之前，为什么要了解竞争对手？

②调查的时候，要了解竞争对手的哪些内容？

③在调查之后，你该如何利用这些调查内容？

④什么样的对手是潜在的竞争对手？

一个店铺能否成功开业，不仅仅要受到自身因素的影响，而且还要受到竞争对手因素的影响。那么如何避开竞争对手的攻击，并且利用好竞争对手为自己店铺的开业服务，就是店铺筹备阶段要解决的问题之一。在这个问题上，下面事例中王先生的做法值得提倡和推荐。

王先生曾经在箱包行业工作了8年，在这个领域有着得天独厚的资源，于是决定辞职，自己开店。

产生这个想法很简单，但是要真正实施起来并不那么容易，毕竟这个行业的竞争还是很激烈的，更重要的是，在筹备店铺的时候，王先生一点头绪都没有。

"你没有头绪，为什么不看看你潜在的竞争对手呢？"在朋友的提醒下，王先生突然间明白了一个道理：虽然我不能跟在竞争对手的后面去做事情，但是看清楚竞争对手的行动和方向则有利于店铺的筹备。

就这样，在接下来的两个月的时间里，王先生天天走在大街小巷上，观察箱包店铺的一些情况。不仅进去转转，看看商品，而且还以顾客的身份和老板闲聊，从而"套取"一点点的信息。

就这样，经过为期两个月的对竞争对手的调查，王先生明白了箱包行业的一些规律：

首先，销售业绩好的店铺一般都开在人口流动频繁的地区。相反，一些汽车站、火车站的箱包店铺效益普遍并不好。虽然对于到车站里来的人来说，箱包是一种刚性需求，但是这种需求量并不是很大。

其次，对于箱包的档次，一般来说，中低档的销售情况要好很多。因为有钱人对箱包的需求量并不是很大，而对箱包需求量大的人却没有足够的钱去购买高档箱包。

最后，一些效益比较好的箱包店铺往往都和其他商品进行配搭销售，比如说服装、鞋子、帽子等。因为人们来购买箱包，绝大多数情况下是要旅行，那么衣服、鞋子等都是旅行必备物，所以搭配起来销售效果更好。

在了解到这些情况之后，王先生的箱包店铺开业了。短短的一个月时间，店铺已经创造了将近 5 万元的纯利润，这不能不说是一个奇迹。

所谓知己知彼，百战百胜。对潜在竞争对手的信息做到了然于胸，不仅能为自己店铺的开业奠定坚实的基础，而且也能为店铺日后的发展铺好道路，不让突然从旁跳出的"猛虎"阻碍店铺的发展大计。

那么在对竞争对手进行调查和了解的时候，要着重注意哪些方面的内容呢？

（1）卖场结构的调查

通过对卖场结构的调查，可以就外在形态上对竞争对手有一个粗略的了解。对卖场结构的调查包括竞争对手店铺的店面面积和销售体制等。如果竞争对手店铺的商品种类与周围的其它店铺存在相互联系的关系，那就有助于促进本店铺的销售。

（2）商品结构的调查

该项调查主要是调查竞争对手店铺里的商品构成，其重点是对竞争对手店内的主要商品展开深入的调查，并且思考竞争对手为什么要采取这种商品结构，这种商品结构有什么样的优缺点，等等，以便在自己店铺开业的时候能够取长补短，吸收对手店在商品结构布局上的优点为我所用。

（3）客流量的调查

调查客流量，就是对进出竞争店的顾客数量进行记录，以便等自己的店铺开业之后，能够与自己店铺的顾客流量进行对比，从中找出优劣并加以改进。在调查顾客流量时，需要注意调查对象以出入竞争店 15 岁以上的顾客为主，以不同日期的不同时间点为调查前提，其中节假日的顾客流量需要特别注意。

(4) 地理位置的调查

前面我们已经说过，一个店铺能否成功和它所处的地理位置有着非常重要的联系。那么我们在对竞争对手进行调查的时候，自然也应该考虑它的地理位置。了解店主为什么要把店铺开在这里，而不是别的地方。这样的调查不仅有助于对这个行业有更深的理解，而且对自己选择合适的店面有切实的帮助。

(5) 客源种类的调查

每个店铺都有主要顾客群，即我们常说的消费主力军。要想知道你将来店铺的消费主力军是哪一类人群，通过对竞争对手店铺的调查就可以。如此，在筹备自己店铺的时候，就能够通过综合考虑这些因素而提高成功率。

面子工作要做好
形象打造能力的培养

　　人靠衣裳马靠鞍。一个店铺给人的第一印象如何，直接关系到店铺的销售，这就是我们常说的首因效应。而如何打扮这个店铺，提高店铺的首因效应，店长打造店铺形象的能力如何，直接关系到店铺能够获得的最终收益的多少。所以说，这种能力的培养也是必需的。

起个响亮好听的店名

①一个好的店名对店铺销售量会产生什么样的影响？

②"叫得响"的标准是什么？要求是什么？

③取一个好店名，最好从哪些方面入手比较好？

④取一个好店名，应该注意哪些原则？

如果说店铺门面的装修风格给人留下了第一印象的话，那么店铺的名称则能够强化这种印象。这也就是说，店名取得好不好，也直接影响到店铺的生意。这一点，基本上大家都知道，但是什么样的店名才是好的呢？这个问题值得大家去思考。在此，我们可以为大家提供一个好的范例。

有一家名叫"侠客行"的餐馆，这家小餐馆生意火爆，进进出出吃饭的人络绎不绝，时不时从店里传出服务员吆喝的声音："客官，来了。" 2年前这家小餐馆的名字还叫"老张小餐馆"，生意平平淡淡，只能够保本。就在老张准备将店转让的时候，他的表弟建议老张不妨在店名与经营特色上下功夫。经过几天的苦思冥想老张将店名改为"侠客行"，并将店里店外装修了一番。

推开两扇木门，走进店里，两位穿着古代小二服饰的小伙子将客人引入大厅，然后呈现在客人眼前的是一系列的蜡像，有武当张三丰的、古墓小龙女的、丐帮乔峰的、白驼山庄欧阳锋的，给人一种身临江湖的感觉。客人可以选择坐在某个带有门派标示的桌子前，连桌椅都采用比较复古的颜色。小店四个角落里的液晶电视里正在播放金庸的武侠片。这种环境让人在繁华的城市中寻找到一种新鲜刺激的感觉。

2 个月的试营业，老张将小店经营得很火爆。客人基本上都是一些学生和刚走上社会的青年。自从"侠客行"的招牌挂出以后，该店铺的名气大增，渐渐地，光顾这里的客人从附近学校的学生、青年，发展到整个市，这可真是声名远播，老张也因为这个大胆的创意赚了不少钱。

顾客在消费的时候，购买的不仅仅是物品，而且还是一种心理上的满足。从表面上来看他是在购物，但实际上他是在购买一种"需要"。这种需要，既有来自于物质本身的，同时也有来自于他精神的、心理层次上的需要。最后，当顾客在完成自己的整个消费活动之后，他的内心会对自己这次的消费作一个鉴定：自己花钱买的东西是否"值得"？如果答案是肯定的，就会产生重复购买的行为；否则，便会作出放弃的决定。而店铺的店名好坏，将直接影响到最后价值的鉴定。

由此我们可以看出，顾客的购买或消费行为，店名在其中起了很大的作用。那么，在给店铺取名的时候，应遵从哪些原则呢？

(1) 字义要与经营业务相合

店名应反映出店铺的日常销售业务，不能用服装类的店铺名给鞋类店铺命名。如"呷哺"火锅店就是用吃火锅时从嘴里发出的"呷哺"声来命名，以拟声的方式命名不仅独特而且非常形象，一看就知道，这是一家提供火锅吃食的店铺。

(2) 应与众不同

店铺命名必须要能引起消费者的注意，达到吸引消费者的目的。在同行业中用一个店名取胜，其实也是提升销售量的不二法门。为什么这么说呢？

因为大多数顾客在购物时并没有特别的目的性，而往往是哪个店铺的名字比较对胃口，就会选择进去，此时你若能把握住时机，也就等于是促成了这笔买卖。所以说店名要尽量取的新颖独特，如"狗不理"、"一口鲜"等。

（3）勿用生僻字

一般而言，有的店主会用一些不常用的汉字命名，以为这样能彰显学识品位，还能给顾客留下深刻印象。但用生僻字取名，顾客会因为不知道该店店名的正确读音而对该店失去兴趣。

（4）以艺术命名

好的店名应该有一定的文化底蕴，能让人看见这个店名就认同店主的文化修养，这样顾客会觉得店主是有文化品位的，从而在内心里会觉得这家店让人安心、放心。如楼外楼、颐香居等。

奏好店铺门面"协奏曲"

①店铺门面为什么如此重要？

②在你进入一个店铺的时候，首先关注的是店铺的哪个部分？

③门面的装饰需要考虑哪些因素？

④门面风格和商品之间有什么样的联系？

店铺的门面好比人的脸面，如果不够干净或者不够协调，自然无法吸引顾客前来光顾。所以很多店铺营销人员都知道在店铺装修的时候，要把店面装修好，否则会影响生意。可是"装修好"是什么意思呢？这些人却不知道，或者他们仅仅把"好"与"豪华"、"气派"等同起来，认为只要看着豪华、气派，就意味着顾客会光顾自己的店铺。

事实是不是如此呢？显然不是。门店装修得"好"，并不是这么简单的。

"赵老板的"火锅店坐落在某购物中心的第二层，由于地理位置相当优越，加上食材新鲜、汤汁鲜美，赵老板觉得自己的生意一定会非常红火。可是，事与愿违，开业一个月以来，生意很是清淡，并且细心的赵老板还发现：店铺当中没有多少人的时候，客人会进来，可是一旦客人多了，外面的顾客就不再愿意进来了。

为什么会这样呢？经过反复地观察和分析之后，赵老板终于找到了问题的答案：问题出在店铺的门面上。

原来，在装修店铺门面的时候，赵老板想都没想，就选择了玻璃风格的装修：玻璃门、玻璃橱窗、玻璃柜台……在客人比较少的时候，里面的水蒸气比较少，玻璃看起来非常明亮，给人一种非常清新的感觉，所以顾客都愿意进来。可是当客人多了之后，火锅当中冒出来的水蒸气很快把玻璃门糊住，远远望去，里面蒸汽缭绕，显得非常不干净。当然，看到这种情况，人们是不愿意进去的。

为此，赵老板决定重新装修店铺门面，以改变店铺的生意状况。这次赵先生汲取了上次的教训，采用了木质的风格，不仅适合店名与所经营的业务，具有一股古色古香的韵味，而且与周边的店铺对比形成了鲜明的个性，显得独特有品位。而且还增加了店内的通风设施，使得水蒸气能够尽快排放。顾客对此次的店面设计很是满意，请客吃饭来这里也觉得有面子多了。

从以上这个事例当中可以看出，店铺门面的装修要想达到"好"的标准，不能只关注是否豪华、是否有档次、是否够派头，还得讲究是否实用、是否能够衬托店铺以及店铺内的商品、是否能够让顾客喜欢上这个店铺。特别是最后一点，显得更加重要，毕竟只有顾客喜欢这个店铺，这个店铺的销售才能提高，效益才能提高。

那么什么叫"实用"、什么叫"衬托店铺以及店铺内的商品"呢？以上面的事例为例，火锅店配以玻璃门，非常容易被蒸汽所笼罩，自然是不实用、和店名的风格不符合的。相反，如果配以木质门，那么这些问题就都解决了。更何况火锅是中国传统的饮食，用木质门面更能贴合店铺在顾客心中的定位。所以，门面重新装修之后的结果是皆大欢喜，更加迎合了顾客追求味觉、视觉美的享受的理念，因而使这家店在同行业中提升了不少的竞争力。

那么，店铺门面的装修要达到"好"的程度，到底需要考虑哪些方面的因素呢？总的来说，有以下几点：

（1）门面种类

所谓门面种类是指以材料为主来区分的种类，总的来说，有以下几种类型：不锈钢门面、石材门面、木质门面、铝扣板与塑板门面。不同种类的店铺应该采用相对应的门面种类。当然，在选择种类的时候，还应该考虑到一点：门面大多数情况下是在室外，所以用防晒、防雨、防腐蚀的材料也是有必要的，特别是用木质门的时候，更应该注意这一点。

（2）店铺的经营特色

每个店铺都有自己主要的经营内容，那么这个内容也应该在设计门面时考虑周到。如果整个店铺的装修堪称绝无仅有，唯独门面与整个店铺风格完全不搭调，那之前的装修工作也就宣告失败。根据店铺的主营业务，有目的性地选择店门，以衬托商品特性是提高店铺首因效应的一条捷径。例如，对于经营珠宝、金银首饰、高级仪器、电器、影像设备等的高档店铺，一般宜采用豪华式封闭型店面，以便给顾客创造一个安静、愉快的购物环境；对于出售食品、水果、蔬菜、鲜鱼、糖烟酒等日用品的店铺或经营其他大众消费品的店铺，则宜采用全开放型的店面，方便顾客选购；对于一般的百货店及服装店，宜采用半开放型设计等。

（3）店门风格应与周边环境相协调

正如人们常说：到什么样的山上唱什么样的歌，店铺门面的设计也应该和周边的环境相协调，一旦出现格格不入的情况，顾客是绝对不愿意买账的。若是在高档区域，那你的店门就不能用卷帘式，否则不仅有损店铺的形象，更破坏了周边整体的购物氛围，如事例中的火锅店是在购物中心，一般而言，购物中心都比较上档次，所以采用木质门面更显得有格调。

（4）店门的位置设置

一般店门的位置设置有三种，不是居中就是靠左或靠右，这完全取决于店铺客流量的多少和店内光线明亮程度、阳光照射角度等问题。也有完全开放式，这是为了扩大顾客在街上看店铺的视野，能很好地把店铺内的实景呈现给顾客。位置设置不可小觑，应慎重对待。

（5）店门的大小

店铺的门是店铺的咽喉，是顾客出入与商品流通的通道。店铺的门每日迎送顾客的多少，决定着店铺的兴衰。为了提高店铺对顾客的接待量，店门不宜太小。若店门过小，不利于店内空气的流通，气流的循环速度减慢，会减少店内的生气，显得死气沉沉。特别是当客流量大的时候，作为出入通道的门过小，会使顾客出入不便，顾客手上提着商品出入难免出现磕磕碰碰的现象，很有可能会损坏已卖出的商品。狭小的店门，还会造成客流的拥挤，这会让一些原本想进店的顾客望而却步，若因此发生顾客间的口角以及扒窃事件，不仅影响店铺的正常营业秩序，还会给店铺带来不好的名声。

(6) 店门的设计风格

店铺的门面应有独特的风格，与相邻的店铺形成显著差异，这能够给人以深刻的印象，并起到识别店铺位置、树立店铺声誉的重要作用。门面风格设计是大胆创新与丰富想象力的产物，运用夸张、象征、形象化等手法，大胆标新立异，设计出独具特色的造型、图案、文字与景致，使人一见到门面就能产生共鸣或心灵的震撼。例如，英国一家店铺设计成一个大玻璃球形，一年四季透射出四周的景物，犹如一幅巨型风景画，吸引了无数顾客；日本一家海鲜店以虾、蟹、鱼为店面主体设计；美国一个牛奶场的零售店设计成高30英尺的巨大牛奶瓶状，其经营特色在来往行人面前表现得淋漓尽致。

装修风格要与商品协调

①所售商品和装修风格之间有什么样的联系？

②在我们身边，哪些店铺做到了这一点？

③装修风格的好坏如何影响顾客的购买力？

④在具体装修中，要注意哪些问题？

店铺的装修，自然受到店长本人喜好的影响，但是最终起着决定作用的还是店铺及店铺所售商品。特别是店铺所售的商品，如果它的风格和店铺的装修风格格格不入，或者说有所差异的话，那么整个店铺就会不协调，顾客身在其中，也会产生不舒服的感觉，从而影响了顾客的购买欲。对于店铺来说，这就是一种失败。

为什么很多店铺在转租之后，第二任老板都会对原来的店铺进行装修呢？原因就在于此：所售商品不同，所需要的风格也就不同。

说起"置凡"床上用品，相信许多人都知道。"置凡"在设计店铺的时候，将店铺装潢得比较具有线条感与帆布格子的味道，这样就与它的消费人群（年轻的都市青年男女）比较相符合。顾客一进店铺，便会被简单、利落的内部装修感觉所吸引。再加上店铺的人性化服务，给人一种震撼的感觉。

"置凡"的销售业绩也一路上升，成为同行业里的佼佼者。能得到如此不凡的知名度，这与主创者对店铺的装修风格的设计有着很大关系。

在店铺装修中，商品的呈现方式也在一定程度上主宰着商品的价值，即店铺装修不论处于任何年代都对店铺商品的销售起着关键的作用，而设计一个统一的店铺装修风格则是店铺装修的首要任务。那么在装修时需注意哪些问题呢？

（1）了解店铺所售商品的风格

即在装修时应根据自己的商品特性进行设计，不能让装修出来的风格与自己的产品没有丝毫的联系，这样会淡化顾客对店铺内商品的印象，容易给顾客造成混乱的第一印象。如阿依莲，不仅以每季的服装彰显"纯美淑女，粉色王国"的主题理念，店铺的粉色装修更是让顾客在还没进门前，就充分感受到粉色袭来的情绪感受。

（2）了解所售商品的目标客户群

这一点尤为重要，店主们在装修前一定要清楚自己店铺的主要消费群体是哪类人，搞清了这点才能在装修时做到有的放矢，如果消费群体的年龄段是中年及中年偏上的一类，那么店铺的装修风格宜以稳重、高贵为主，但若消费群体是在校生，成熟的装修风格明显会让你失去很多顾客，因为首先你的装修就引不起年轻顾客的兴趣，更别提进店内选购商品了。

（3）在商品理念和装修风格中取一个平衡点

所售商品和装修风格自然是两种理念，但是在这两种理念当中是否能够找到一个平衡点呢？这就是店铺装修的时候应该要注意到的一点。就像事例中的阿依莲一样，在商品和装修风格之间取了"粉色系"的平衡点，获得了极大的成功。在商品理念与装修风格中取一个平衡点，从而让顾客在选购中逐渐加深对店内商品的理解与欣赏。装修切忌内外不一致，试想，顾客在店外看的感觉应该是自己这个年龄段的，进店内一看却是童装系列，这不仅起不到增加销售的作用，更会让同行笑话你的装修设计水平。

（4）装修不以奢侈豪华取胜

这种装修不仅费钱费力，还不一定能讨顾客的欢心。因为不是所有的店铺都适合用豪华来抬高自己的商品。有的店主会觉得店铺越豪华就越会吸引顾客前来消费，但什么样的商品价位就决定什么样的顾客群体，盲目想以装修的奢华来提高销量，这是下下策，不足采用。特别是对于销售一些物美价廉商品的店铺，更是不需要豪华的装修，那样只会画蛇添足。

总而言之，店铺的装修对整个店铺而言，作用是非常大的。顾客对你的装修认同感增加，也就说明你的外在条件已经成功取悦了顾客的心理，这么一来，接下来的成功销售就得到了难得的机会。和商品风格相统一的装修风格不仅能愉悦顾客的心情，更能拓展产品的前景市场。

塑造好店员的合适形象

①店员形象为什么如此重要？

②店员形象的基础是什么？

③如何让店铺具备一种整体的形象？

④如何保证店员言行的一致性？

对于店铺来说，店员不仅仅是工作人员，而且也是店铺形象一个非常重要的组成部分。如果店员形象没有处理好，那么店铺装修得再好、商品摆放得再完美，店铺形象也好不到哪里去。从这个角度来说，店员形象可能会毁了整个店铺。

某化妆品店崇尚自然清新的女性气质，并且按照这个理念选择了所销售的商品。但是将近半年的时间过去了，这个化妆品店的销售依然不尽如人意。到底是什么原因呢？店长对此进行了调查。

一次，店长看到一个顾客刚进入店铺便空着手出来了，于是他追上前去询问对方："你好，我看你刚进入这个店铺就出来了，怎么？这个店铺的商品不好吗？"

顾客愣了一下，然后回答道："商品不错，但是我一看见那个店员化妆那么浓，像个鬼一样，我立刻就没有心情了。"

"店员化妆不是为了……"店长还没说完，就被顾客抢了白。

"是，店员需要化妆。但是你所卖的都是一些自然清新的产品，自己却化上了浓妆，就像自己是开包子店的，你还要跑去烧饼店吃早饭一样，你不觉得难为情吗?"顾客气哼哼地说道,然后头也不回地走了。

原来如此,第二天,店长就对店员进行了培训,告诉她们该如何打扮自己的形象。

首先规定店员服饰要整洁,自身的清洁工作必须做到位。店里还有自己的经过专门设计的工作制服:上身穿浅绿的衬衫,一则为了彰显自然主题,二则也为了显示店员的干练与精神;下穿藏青色西裤,贴合成熟女性稳重的特点,也为了让进店的顾客有一定的踏实感。还有就是店内的店员上班必须化淡妆,化淡妆更能表现对顾客的尊重,同时也要避免个别店员因休息不够而憔悴上阵,影响顾客的心情。还有一点,上班的店员一律不准佩戴个人饰物。由于有着系统的店员形象,不少顾客反映一进该店就觉得很有内涵,很有实力,而且店员的形象与该化妆品的主题切合得那么到位,让人印象很深刻。

事实证明,在经过"形象整顿"之后,店铺的生意明显好了许多。

设计店员的形象就如设计一个人的形象,你打算以什么样的形象展示给外界就设计什么样的形象,而店铺除了通过商品展现外,店员的形象展示也是一个不错的途径,形象展示是立体的,不断深入顾客心理的多元化展示。那么在店铺形象设计方面,该从哪些方面入手呢?

(1) 清洁、协调是基础

店员在形象方面首先要整洁,即包括穿戴整齐与仪容要清洁,比如店员的头发切不可出现油腻腻或满头头皮屑,这样很让顾客倒胃口,认定该店的店员素质不佳。久而久之,顾客群就会流失。当然,除了清洁之外,还要协调。正如事例中那位顾客所说,店员化浓妆和店铺所出售的商品是不协调的,自然顾客也是不买账的。

（2）制服形象贴合经营业务

其实，要让一个店铺给人专业的形象，最直接的方法就是设计贴合经营业务的工作制服。店员的形象实则代表了店铺的形象，统一的着装会给人专业的销售气氛，顾客光顾时自然而然会被调动起购物情绪，从而提升销售量。

（3）言行举止应统一规定

店员的言行举止也十分重要，在工作中规定哪些举动可以做而且要多做，哪些举动是要坚决杜绝的，是很有必要的。人总有点不雅的小动作，对生活没有影响，但有时不经意的一个小动作或许会毁了一单生意。如顾客进门时全体应说：欢迎光临。遇见带有小孩或一时不方便的顾客出店门时，应帮忙开门并说：谢谢光临。一切的言行都围绕对顾客表达尊重之情，让顾客能时刻感受到自己很受重视。

保持整洁的店铺脸面

①店铺的脸面指的是哪些内容？

②如果你是一个顾客，看到一个肮脏的店铺，你会进去吗？

③店铺的环境影响商品销售，内在的逻辑是什么？

④维护店铺的环境，具体该如何做？

对于店铺来说，由于每天人来人往，因此很容易被弄脏，面对一个干净整洁的环境和一个肮脏邋遢的环境，人们会毫不犹豫地选择前者。就好比两个人一样，一个邋遢肮脏，另一个干净整洁，人们自然喜欢后者，而不是前者，尽管前者可能很有才。虽然很多人都说进入一个店铺，买的是商品，但是我们也不能忽视一点：现在的顾客，进入一个店铺不仅仅是购买商品，更多的则是享受服务，享受一种心理上的安慰。一个肮脏的店铺，商品再好，再便宜，人们也不愿意进，甚至会怀疑这里的商品是假冒伪劣的、过期的。特别是对于提供服务的店铺来说，整洁的脸面显得更加重要。

"最有名"发型屋在街上已经有好几个年头了，虽然新潮的时尚的新发型屋一家接着一家地开，但没过多久又一家接一家地迁走，唯独"最有名"仍然在这块地方傲立群雄。很多同行很纳闷，这家店主生意不败的诀窍究竟是什么，但怎么看也看不出所以然。其实，店主的秘诀说出来真的很简单，就是时刻保持店内的卫生。

还真是如此，走进他的店内，完全没有一般发型屋那种脏乱的感觉，发型屋的地上很少有剪发后的碎发，每次为顾客理完发店铺人员都会及时打扫。如果店铺人员没有时间，店长就会亲自打扫。椅子底下、店门后的角落等一些死角也很干净，再看该店里的毛巾，不管用过的还是没用的，都整整齐齐叠在指定的地方，毛巾上也看不到污渍。店内的镜子锃亮，妆台上的理发用具整齐有序，店员在为顾客理发时，拿用具十分方便，丝毫不像有的发型屋那样找吹风机还找半天，工作效率非常高，给人整体的感觉就是干练有素。另外，店内的墙角角落摆放了一些绿色植株，一来美化环境，二来净化空气。很显然，这样的店不受欢迎才怪。

上例中的理发店为什么在竞争如此激烈的情况下还能常立不倒？原因就在于店主摸准了顾客的心理：跟人体有密切关系的服务行业更要注重干净、卫生、整洁的环境。而"最有名"发型屋则满足了顾客的这种心理，所以它才能在无论是硬件还是软件设施都跟其他的店铺水平相差无几的情况下，为自己争取了更多的机会。

或许很多发型屋的店长也意识到了这个问题，但是店铺人员在顾客繁忙时段，却很容易忽视卫生这一点，甚至有很多发型屋仅仅是在经过了一早上的工作后才打扫一下，如果地上只是铺了一层薄薄的碎发，店员会视而不见，所以当顾客进来的时候，就会产生不好的感觉。由此可见，店铺清洁干净、充满现代感是当今顾客喜欢的理由之一，因此店长有必要把干净的店铺展示给顾客，从而提高店铺的竞争力。

那么，在对店面环境的维护上，该怎么做呢？

（1）店铺商品、用具应整洁

什么叫整洁？它至少分为两个方面：第一是整，即整齐。第二是洁，即清洁。所以说，要想让店铺变得整洁，首先对店铺内的商品、用具等都应该摆放整齐，这是最基本的。一般店铺内除了常用的货柜外，还有一些工作中会用到的小用具，这些也应该分门别类地归置好，看上去整齐有序，空间感增大。切忌将这些东西随意乱扔，这会让顾客感觉你对他不尊重。

（2）时刻保持店铺环境的整洁卫生

随时随地注意店铺的干净卫生，特别是地面及一些死角的卫生更要注意。不能存有侥幸心理，以为顾客不会看见就不去理会，要知道顾客只要看见一眼那些角落里厚厚的灰尘，或是工作用具上的污渍，就会使店员辛苦营造的店铺印象毁于一旦。此外，店铺门外的空地也应时常打扫，不能只着眼于店铺内的环境卫生。下面这些地方的卫生是我们必须时刻加以注意的：

入口前的夹道。这是顾客最容易看到的场所，从这里到店内的地面之间灰尘明显比较多，所以每天都要对这里进行清扫。

收款台以及备用商品。收款台以及备用商品是顾客经常会接触到的东西，因此不要弄得杂乱无章或者不干净。

店内卫生间。对于店内设有卫生间的店铺来说，想了解店家的情况，看一下厕所就知道了。因此，要特别注意对这里的清洁和整理。对于厕所的地面、墙壁、便器、盥洗池和镜子等，如出现弄脏的情况，应及时擦干净；手纸、香皂等用完时应及时补充，否则顾客的好印象也会大打折扣。

注意店内的气味。有的顾客对气味非常敏感，所以要经常换气或者使用空气清新剂以避免店内充满异味。

（3）店铺门面和家具清洁不能少

即针对采用玻璃门的店铺而言，这门的清洁也不能小看，虽只是一扇门而已，但它是你的店铺和顾客之间传递信息的第一媒介，每天的卫生工作一定要落实。店内的家具如展示台、店内桌子的边缘和桌子脚、陈列架的边缘和角等以及自动门导轨槽等，这些都是顾客一眼就能看到的地方，应天天清洁，有条件的最好让家具看上去时刻崭新亮丽，顾客进门一抹家具一手灰的情况不能出现。特别是食品店铺的展示柜台，一定要保持干净，不能出现油腻腻或是苍蝇乱飞的情况。

（4）店铺美化也不能少

店铺的卫生仅仅是整洁脸面的第一步，不要以为店铺环境卫生搞好后，就万事大吉了。接下来，还应该费点心思装扮一下，用一些能调动店铺气氛、搞活顾客心情的装饰品。比如说一些淡雅且有益于清新空气的花草和节日适宜的挂件、图画等可以多摆放一些，效果会立竿见影。

（5）对店铺的清洁工作做好安排

每个店铺的清洁都需要有人去进行，所以店长在安排这项工作的时候一定要注意切实把工作分配到个人，而不能指望店员主动去做。要知道，店铺的门面是否整洁，将直接影响到店铺的生存。这样重要的事情，如何能够马虎大意呢？

第 3 堂课

结构的重要性
店铺布置能力的培养

　　店铺之所以要布置，目的就是让顾客能够更加快捷、方便地找到自己所需要的商品或服务，从而提高店铺的销售效率。所以，方便快捷是衡量一个店铺布置得好不好的唯一标准。这种布置店铺的能力，也是衡量一个人是否达到店长水平的标准。

入口方便，便于增加"回头客"

①入口是否方便的衡量标准是什么？

②店铺入口的设置要遵循什么原则？

③店铺的入口有哪些类型？

④这些类型的入口分别适合哪些店铺？

店铺初开时，任何细节都不能遗漏，特别是出入口设计不能忽视。一个店面的精心准备却毁于一个小小的出入口，本可大把大把赚钱的机会就这么溜走了，谁愿意犯这种错？在店铺的设计中，出入口的设计是第一关，一般不仅需要考虑店铺规模、经营商品的特点、客流量的大小、店铺安全及所在位置等因素，还要考虑顾客出入的自由程度和是否方便店铺管理。毕竟只有入口方便，顾客才愿意进来。更何况，入口的设计是否合理也和店铺的安全有着直接的关系。太小、太窄的入口，一旦店铺发生了紧急情况，疏散顾客也就很难了。

经过一番调查和察看之后，郑先生把自己的小超市开在了某小区的中心位置，小区内的顾客买些生活用品，十分方便快捷。郑先生也很有生意头脑，店内产品不仅齐全，价格方面也和大超市的相差无几，实行薄利多销的策略。在这种情况下，一开张那会儿，确实店内人头攒动，之后他的店门前就总是冷冷清清，每日的销售利润还不够支付每天的租金，他这就想不通了，为什么会这样呢？

经过几番询问找到了原因，原来因为他的店铺面积狭小，商品陈列丰富必然占空间，一进店后总有转不出来的拥挤之感。有时买好东西着急结账回家，但还得等着其他的顾客挑选物品，想早点结账走人都不行，因为该店的店门口设置在正中间，而且只有这一个，进出的人也只能你侧身、我斜身才能勉强通过，特别繁忙的时候人流都集中在这一块，真的是让人进退不得。

郑先生终于知道自己的店铺业绩上不去的问题出在哪里了：自己当初什么都考虑到了，唯独没考虑到出入口设置这一块内容。他当下挂上"店铺装修、暂停营业"的牌子，几天过后，小区市民就看见他的店铺出入口改在右侧，这么一改，不仅顾客出入方便，而且再也不用像以前那样光给人让位，现在这个出入口还能有效起到分开人流的作用。出入方便，自然生意滚滚来。

上例中的店铺无论是地理位置还是营销构思，都有值得赞赏的地方。关键是有着这么好的条件却因为一个出入口而差点功亏一篑。幸运的是店主及时找出问题所在，并且对这个问题进行了有针对性的改善，这才使得店铺转亏为盈。

对于大型店铺来说，入口设置都比较大，不至于出现拥挤的情况。而对于一般的小型门店来说，面积都比较小，所以很多人在装修设计的时候，往往就忽略了入口，最终导致了入口的窄小。就像事例中的店铺就是因为出入口不但不能吸引更多顾客，还阻碍了顾客的进出，这样就直接影响了店铺的实际使用面积和顾客的自由流通。

在一般的店铺当中，使用的入口基本上属于以下几类。

(1) 半开型

顾名思义，这种类型的店铺入口往往只开启一半。所以这类出入口比较狭小，在店外一眼就能看清店内的情况，还能配置了橱窗，让橱窗发挥吸引顾客的作用。化妆品店、中型的服装店比较适合采用这类出入口设计，这类顾客一般都是先在橱窗里看见自己喜欢的商品后，才进店内挑选，因此对店铺出入口的开放度要求不是很高。

(2) 全开型

所谓全开型是指店铺入口大门全部打开，把店铺内的商品向大街方向全面展开，目的就是让顾客从大街上就能轻易看见店铺和商品，这类类型的出入口完全没有障碍，能让顾客自由出入选购商品。经营大众化商品的店铺较多用这种类型的出入口设置，如出售蔬菜、水果的副食品商店。

(3) 出入分开型

这是最为常见的出入口，一般的大超市、大商场采用的就是这类设计。出口和入口通道分开，入口在一边设置，顾客进门后如果想去出口结账必须转完整个店面，有的还把出口设置在地下层，这类形式十分方便商店管理，能很有效地阻止货品偷窃事件。并且能够变相地逼迫顾客多逛一会儿，从而提高成交的可能性。不过，设置这样的出入口，顾客却不方便，即使买小东西也得经过很长一段路才能结账。有的小店铺也采用这个设计，店铺的一面是进口，另一面则是出口，接待顾客顺畅快速。

(4) 封闭型

所谓的封闭型出入口是和全开型入口相对应而言的。即这些店铺的入口平时是封闭的，顾客要进入的时候需要自己开门。比如说，在一些销售贵重物品的店铺，顾客需要一个安静环境的店铺，往往会采用这种类型的入口。

另外，在对出入口的设计中，还需要注意以下三方面的内容。

(1) 注意出入口的设置地点

在设置出入口的时候，应先仔细观察行人的行走路线，应选择顾客流量大、交通方便的一边设置入口，这样方便顾客进店购物；在设置出口的时候，相较入口应相对窄一些，与入口的比例以 1:3 为最佳。一个好的出入口设计，能合理地让顾客从入口到出口，有序地浏览全场，不留死角。如果店铺的位置位于楼上或地下室，则在其入口应设立醒目、有特色的标志，并采取人员促销等方式克服出入口的"先天不足"。

(2) 出入口门槛的高度

店铺的出入口门槛应与街面持平，以方便顾客的出入。一般来说，店铺的出入口以能清楚地看见店铺的内部、方便顾客进出为佳。很多顾客都因为出入不方便，而不愿光顾高于或低于街面的店铺。如果在店铺的入口处有楼梯的话，这就使得顾客在进店之前必须注意脚下，这样无形中就会让顾客的心里产生一种阻力感，尤其是给老年人和残疾人带来非常大的不便。因此，当店铺出入口与路面有高低差的时候，要尽量利用斜坡进行过渡，或者设置扶手。对于这些地段的地面必须采用防滑材料铺设，入口处还应该放置蹭鞋垫。这不但是防止顾客因鞋底湿滑而跌倒所采取的安全措施，而且可以避免顾客把脚上的泥土带进店里，从而减少清扫的麻烦。

(3) 要考虑当地气温情况

通常来讲，店铺的出入口应尽可能地避开季节变化的影响，尽量不要选择在当风口、露天等场地。此外，还要考虑太阳照射的问题。日光暴晒会引起商品变质、变色，影响商品质量和销售量。

清晰的分区，方便顾客的选择

①什么是货品分区？

②货品分区和店铺销售有什么关系？

③什么样的店铺需要明确的货品分区？

④什么样的货品分区是明确、清晰的？

合理、清晰的货品分区方式，可以起到展示货品、提升品牌形象、营造购物氛围、提高销售的作用。货品的分区也是店铺管理的核心工作之一，如何处理好货品的分区问题，是每个将要开店的人必须考虑的。

"浩海"书店已经开了很多年，店主赵先生是一个热爱书籍的人，他自己也常到一些书店去逛，所以对很多书店当中存在的货品分区不合理的情况非常了解。现在，他自己开了书店，便在货品分区上下了很大的功夫。虽然他店中的书籍，种类齐全，版本繁多，但就算是顾客第一次进门买书，也不用担心书籍太多而找不到自己要找的书。

他的店铺书籍按照功用和文体分门别类陈列。在一架架正对着顾客进门的书柜侧面上，用显眼的标志牌标示出了本柜的书籍功用，如第一列是教育类的书籍，下分各个小门类，有英语的、汉语的、俄语的等各种语言方面的书籍；社会学科类的书籍，因为种类繁多，所以占了不止一架书柜的位置。此外文学类还按照文体进行分类，一列是小说，另一列就是散文了，小说下还根据作者的年代或者是作品的年代进行分类。其中网络流行小说自成一列书架，下分有玄幻类、流行类和历史类等。将这些书籍进行细致地分类后，顾客挑选自己需要的书时，找到相对应的那列书架，再根据小区进行甄选即可，店内的人流不算少，但结账处却一点不显拥挤，顾客找书快，结账也快，自然店铺的效益也高。

事例中的店主可谓是匠心独运，他把通常在图书馆才会沿用的书籍分区方式，挪用到自己的书店里，让顾客进门时感觉自己像踏进了图书馆，整个店铺的书籍有条理且整齐明显。很多店铺的货品陈列方式，杂乱而没有明显的区分标志，顾客进门，特别是第一次进店铺的顾客往往会因为不熟悉而在店内转半天，结果还是找不到自己想要的货品。事例中的书籍分区明确，顾客看一下格局就能明白自己该去哪里找。这样一来，顾客进店的目的就很明确直接，对于面积相对较小的店铺来说，一定程度上缓解了店内人流的拥挤程度，而且顾客总是希望能有一个舒心、整齐的购物环境。

由此可见，店铺货品分区不好，将直接影响到销售利润。相反，如果能够在货品分区上下功夫，做好这一文章，店铺的利润就会得到提升。那么在货品分区的时候要讲究哪些原则呢？

书店的货品需要分区明确，其他的货品也需要有一个明显的分区，这让顾客在视野上能感觉简洁明了，店铺的销售空间也在无形中显得有所扩大。

(1) 不同功用分别摆放的原则

这是货品分区的一个大原则，即功用完全不同的货品，原则上不应摆放在一个区域内。如大型超市里，生活用品是一区，儿童用品则是另一个区，虽然这两者之间区分不大但也需要安放在不同的区域。而食品又要与生活生产用品相区分，决不能放置在一起。

(2) 功用相同分类摆放的原则

即服装类货品在一个区域内，但不能因此而混乱摆放。应该根据服装的不同风格而分门别类陈列，如休闲类的服装为一个门类，运动类的和正装类各为一个门类，切忌把不同风格的服装堆置在一起，不仅占用空间，还会给顾客留下卖场十分混乱的印象。而且顾客在找寻需要的货品时，比较费劲儿还容易翻乱卖场。

(3) 高低档区别摆放的原则

即对于同一品牌的货品摆放，应该有所分区，不能不同档次的服装挂列在一起，这样不足以凸显高档货品的独特之处。分区摆放时，应重点突出高档货品，让顾客能一眼就分辨出这是较高档的，而一些价位相近、档次类同的货品则可以放在一旁，形成对比比较。

气氛的营造，符合心理学规律

①什么叫店铺的"气氛营造"？

②店铺的气氛营造要符合谁的心理？

③要符合的心理学标准是什么？

④气氛营造的主要手段是什么？

顾客的购买行为是受兴趣和欲望支配的，那么在顾客进入店铺的时候，如何最大程度地调动顾客的兴趣和欲望呢？店铺气氛的营造是一条有效的途径。营造一个能引起顾客情感触动，引起购买欲望的气氛，令顾客在联想中产生对商品的兴趣。在店铺环境中气氛的营造除了店铺空间、通道和商品布局等设计外，更重要的是视觉、听觉、嗅觉的设计。因为视觉、听觉、嗅觉是顾客感知环境的主要途径，它们能最大限度地刺激顾客的知觉和情感反应，最终影响他们的购买行为。

　　羽绒服，一直以来都是人们保暖衣服的首选。穿上羽绒服，给人一种暖暖的幸福感。可是自从出现了"黑心棉"这个词以来，羽绒服的销售就遭遇到了前所未有的冬季。当年无论是淡季还是旺季，销售一直平平淡淡，特别是对于一些没有品牌的羽绒服来说，更是如此。原因很简单：这些都是经常穿的衣服，如果里面是黑心棉，将会影响自己的健康。大家都觉得羽绒类产品里面其实都是"黑心棉"，都是骗人的玩意儿。因此，在一段时间里，这种心理导向冲击了羽绒产品的市场，某羽绒服店也不例外，生意一落千丈，老板不由得皱起了眉头。

　　针对这一情况，该店决定对羽绒类商品进行促销，而促销的方案正是利用搞好现场气氛来提高销售量。那么该如何进行呢？

　　首先该店和某厂家取得了联系，决定在自己的店铺举行"现场充绒"的活动，这样一来不仅可以吸引顾客的注意，而且还能让顾客相信自己店铺的商品是正宗的，不是伪劣商品。

　　其次就是利用广告效应，让顾客都知道自己的店铺将举行"现场充绒"的活动。

　　到活动举行的那一天，果然有很多顾客前来观看，只见现场的工作人员将羽绒、衣服款型、充绒机器和缝纫机都搬到了柜台前面，实行羽绒现场过秤、现场充绒、现场缝制、现场销售。在柜台前除了忙碌工作的店员之外，都是熙熙攘攘的顾客，他们都想看看这些商品到底是怎么制作的。而在顾客的面前，摆放着好几种不同规格样式的衣服款型和好几种不同种类的羽绒，这些顾客都可以进行任意挑选，挑选好了，现场的工作人员就可以进行现场制作，然后现场销售。

当然，羽绒和衣服模型之间的组合都是任意的，羽绒的分量、成分之间的选择也都是任意的。这一实打实销的促销方式改变了人们对于羽绒市场的怀疑，解除了顾客的后顾之忧，使得该店的羽绒类商品的销售量一下提高了好几十倍。

正如现场的一位顾客所说的那样："这比买到真货还要真，机会难得，大家肯定都会去购买的。"现场充绒的消息不翼而飞，一传十、十传百，顾客纷至沓来，该店则在这种客流涌动的情况下赚足了利润。后来，很多店铺纷纷效仿该店的做法，利用营造气氛来做促销的文章。

那么店铺营造气氛的时候，要讲究哪些原则呢？

(1) 合适

"合适的才是最好的。"这句话同样也适合于店铺氛围营造。适合有几个方面：第一是构成因素的适合。一个张大嘴巴拿着喇叭的卡通模型，放在专卖店既有购买气氛，又略显诙谐可爱，而放在百货区则显得庸俗；第二是材质的适合。同一块绸布，放在店铺会觉得单调，与店铺环境格格不入，而放在百货柜台则显得雅致而有情趣；第三是尺寸的适合。同样的一块2.4米的吊牌放在购物广场百货区则显得太小，放在店铺区又显得太大。综上所述，在构思营造一个气氛的时候，这些是必须遵循的原则。

(2) 创意新颖

具体的店铺气氛营造工作，涵盖两个方面，即店铺氛围营造和购买氛围营造。店铺氛围营造通常是指季节性、重大节日的氛围营造，主要是迎合顾客的心理或感受创造出相应的视觉效果，进而引起顾客的情感共鸣，因此对销售的作用力是隐性的。

要做好这个工作首先要有新颖的创意，有一定的文化或寓意的主题色彩，而不是几个要素的简单构成，要在较长时间内令人回味；其次季节或节日特征要明显，如春天的草绿系、夏天的蔚蓝系、秋天的金黄系、冬天的深红系等色调；最后要求构成因素独特别致，春天的柳条、风筝，夏天的薄纱，秋天的稻穗、枫叶，冬天的灯笼、木质装饰物等。

（3）尽量温馨、人性化

尽管这些是细节，但它存在的时间更长，是实现店铺人性化、提升店铺形象的载体。看过太多这样的话语："免费停车，丢失概不负责"、"名烟名酒，售出概不退换"、"本柜不参与"，等等，但只要我们稍作改动，如"丢失恕不负责"、"敬请原谅，本柜不参与活动"，再换一种字体、颜色或版式，给顾客的将是另一种感觉，让店铺充满更多的人情味和情感色彩。

（4）借助于音乐

店铺里播放音乐的目的是为了减弱噪声，提高顾客的购买情绪，提高售货员的工作情绪和效率，因此，播放音乐的内容和时间必须精心安排。由于人的听觉阈限差异较大，特别是受年龄因素影响较大，音乐与广告播放的响度，必须根据店铺的主要销售对象而控制。同时要考虑一天的不同时间，比如上班前，先播放几分钟幽雅恬静的乐曲，然后再播放振奋精神的乐曲，效果较好。

店铺在播放音乐时，要注意以下五个事项。

店铺背景音乐的选择一定要结合店铺的特点和顾客特征，以形成一定的店内风格。

音响的运用还应注意时间。一般来说，音响应间断使用，并且应在营业较轻松的时间内运用音响，调节气氛。

应注意音量高低的控制，既不能影响顾客用普通音量说话，又不能被店内外的噪声淹没。

音乐的播放也要适时有度，如果音乐给顾客的印象过于嘈杂，使顾客产生不适感和注意力被分散，甚至厌烦，将不仅达不到预期的效果，而且会适得其反。

乐曲的选择必须适应顾客一定时期的心态。例如，在炎炎夏日，店铺中播放涓涓流水和莽莽草原的悠扬乐曲，能使顾客在炎热中感受到清新和舒适。又如，店铺在大拍卖时，就可以播放一些节奏比较快的、旋律比较强劲的乐曲，使顾客产生不抢购不罢休的心理冲动。

好的光线，提高顾客的购买欲

①店铺光线和顾客的购物心理之间有什么联系？

②除了整洁之外，店铺环境最重要的因素是什么？

③店铺光线在设计的时候，要注意哪些问题？

④光线和卖场布置之间有什么关系？

创设一个明亮舒适的购物环境，让顾客在环境的提醒下进入忘我的状态，只享受购物乐趣，这才是环境所要达到的最终目的。在店铺装饰布局中，科学合理地配置照明及装饰光源，不但可吸引顾客的注意力，还可使顾客在视觉舒适的环境中浏览商品，进而产生购物冲动。遗憾的是，很多店铺在设计和布置的时候，都没有考虑到光线的问题，以至于最终影响了店铺的销售。

"俏形美"服装超市，面积不小，商品也很新潮时尚，可顾客的反响却总是不够热烈，好多顾客一进门就立刻转身出门。店铺人员包括店长在内，都无法找到真正的原因。

有一次，一个顾客进来逛了一圈，就对店员说："你们店的光线太暗了，能不能多开几盏照明灯？"店员立刻打开所有的灯具，比先前亮了些许，但顾客看了看，最终还是摇了摇头，走出了店铺。并在临走时对店员说："让你们店长改进一下环境。这么暗的环境，你让我们怎么购买商品啊？"

原来，"俏形美"服装超市地处老式商业街上，因为房子设计方面存在缺陷，导致没有足够的光线，当初该店在装修时也没有考虑到店内购物环境偏暗的情况，也就疏忽了采用橱窗来增加店内亮度的方法。

所以，现在的结果是除了在店门口有点光线外，店内几乎靠灯光来增亮。还有一点，因为店内的货品比较丰富，所以尽管店铺的面积不小，但是整个店面都摆得满满的。顾客一进门，首先感觉店内气氛很压抑、低沉，等适应了光线后想仔细看看商品都不行。

最后，店长听取了顾客的建议，重新装修时，从不同的角度设计了许多照明灯，不仅让店内十分明亮，还用不同的颜色来区分不同的商品区域，从此顾客进门后首先都会被店内宽敞、亮堂且规格明显的环境所吸引，逗留的时间也明显比以前要长。当然，在逗留的期间，顾客的购买欲也得到了极大的提高，店铺的效益一天好过一天。

很显然，"俏形美"服装超市一开始的失败之处就是店铺光线太暗，以至于顾客进入店铺的时候，根本就看不清楚商品，甚至还会觉得压抑。

要知道，走进一家光线明亮的店铺与一家光线暗淡的店铺，心理感觉是截然不同的，前者让人愉悦、开阔，后者让人郁闷、压抑，进而影响到顾客的购物情绪。此外，本来店内有很好的商品可供选择，却因为光线不足而使商品失去发现它价值的眼睛，这样一来，也就降低了店主对商品的预期销售量。事实证明，"俏形美"服装超市后来不仅多增加了照明灯，使店内有足够的光线，提高顾客的心情指数；而且还用不同色彩的照明灯，增加环境气氛，渲染卖场环境，增强陈列效果，顾客自然喜欢在这样让人愉快的环境下享受购物的乐趣。

那么在店铺布置的时候，要如何保证店铺内光线的充足呢？总的来说，可以注意以下几点。

（1）最大程度地利用自然光源

对于一个店铺来说，如何才能最大程度地利用好自然光源呢？最直接和有效的办法就是多开窗户，如果有需要，还可以通过增加橱窗的方式来进行。这样一来，有两个好处：第一，顾客更容易适应这种环境。能使商品在自然光下保持原色，既避免灯光对商品颜色的"曲解"，也避免顾客进入店铺后由于光的落差而感到不舒服；第二，能够最大程度地减少费用，提高店铺的利润。因此，在对店面进行装修设计的时候，应结合自己店铺的实际环境，尽量利用自然光源。

（2）利用合适的灯光照明

一个店铺，光线太强不好，光线太暗同样不好，所以说选择灯具照明的时候一定要讲究适度原则。如果店内整体亮度稍暗，则会令人行动迟缓，而且容易使人产生沉闷压抑的感觉，使顾客的心理活动趋于低迷，难以产生购物冲动。但如果整体亮度过高的话，则会对顾客的眼睛造成刺激，容易使顾客感到疲劳，进而就会促使他们减少在店内逗留的时间。

(3) 装饰陪衬光源

这种光源主要是以陪衬商品为主，兼作局部照明用的光源，起美化店内环境、宣传商品、营造购物气氛的作用。比如说彩灯、串灯、宫灯等。这类光源对顾客的视觉有较强的影响，因此，要注意亮度与灯色对环境与商品的陪衬和影响。

总之，在设计店铺内的照明设备时，必须让其具有变化，有些地方亮一点，有些地方暗一点，这样就会使顾客感到有层次感。如果到处都一样明亮，就会给人单调的感觉。

在越来越重视视觉享受的现代，人们对店铺装修设计的要求也越来越高，比如环境、光线，如何抢得店铺营销的一杯羹，就要看你有没有未雨绸缪的能力。考虑到每一个细节，让顾客对每一个细节都无可挑剔，这样才会为你带来不尽的客源，不尽的财源。

巧妙的装饰，利于店铺八方进财

①店铺装饰包括哪些内容？

②装饰除要讲究饰品之外，还要讲究什么？

③店铺装饰的目的是为了什么？

④如何做好店铺的装饰？

为了提高整个店铺形象和烘托店铺气氛，店铺人员有时候必须对店铺进行"二次包装"。这里的"二次包装"区别于最初装修时的"一次包装"，主要是利用装饰来提高店铺的形象。在对店铺进行装饰的时候，可以从两个方面入手：第一，选择合适的饰品，比如说海报、彩灯、气球等；第二，选择合适的装饰位置，比如说橱窗、柜台等。

随着生活水平的提高，人们对于婚纱的要求越来越高了。前几年，人们还热衷于去借一套婚纱来拍照，而现在结婚的新人则更加倾向于去购买一套完全属于自己的婚纱。这也就使得婚纱店行业大有前途。

在看到这个商机之后，李女士投资几万元开了一家时尚婚纱店，取名：和和美美。4月底，5月初，正是很多人结婚的大好日子，也是拍婚纱照的绝佳时期，按理说婚纱店的生意应该非常红火才对啊。

可是一个月的时间过去了，李女士的店铺不仅生意惨淡，而且路边匆匆走过的年轻人连看一眼的都很少。即便偶尔有几个人进来看了一眼，也匆匆走掉，购买的就更少了。

为什么会这样呢？李女士决定自己当一次顾客，从自己店门口走过。确实走过之后，一点感觉都没有，要是不留心，根本不知道这里有个婚纱店。那么别人的婚纱店又是什么样的呢？李女士进行了参观和调查，并偷偷地拍了照片。这下，李女士找到了问题的症结所在——她的婚纱店不显眼，给路人的视觉冲击力不够。找到了问题，接下来就是如何解决这个问题了。

第二天，李女士就带领着店员进行改变。首先李女士从模特店购买了一些婚纱专用的模特，然后挑选了一些比较高档的婚纱，把它们穿在模特身上。接下来，李女士好好整理了一下店铺橱窗，把这些穿着婚纱的模特全部摆放在里面，并且在颜色方面进行配搭。最后，为了提高视觉冲击力，李女士还为橱窗装配了暖暖的灯光、璀璨的珠帘……使得这些婚纱看起来更加靓丽动人。

这一次，走过李女士店铺的人都禁不住停下脚步，观看这场美丽的"婚纱橱窗秀"，甚至还有人惊叹："这什么时候开了一家这么漂亮的婚纱店？哪天一定要过来看看。"看到这一切，李女士的脸上露出了满意的笑容。

由此可见，一个店铺装饰得好不好，同样影响到店铺的销售和生存。需要装饰的店铺内部位置主要有四个，即地面、墙壁、天花板、货柜货架，因为这些是构成店铺内部环境的主要因素。如果这些因素没有发挥其作用，并与外部装饰不协调，那么就无法达到店铺形象的整体效果，从而会影响经营效率和销售额。

（1）地面装饰

店铺的光洁舒适感主要来自于两个方面，地面的整洁便是其一。为了达到该目标，在装饰时，首先应选择表面光洁、规整、质量良好的装饰材料，以便实现干净整洁的视觉效果，且方便擦洗、经久耐用。

在地板的图形装饰上，总体来说有刚柔两种选择。以正方形、矩形、多角形等直线条组合为特征的图案，带有硬朗的阳刚之气，目标顾客主要为男性顾客；而以圆形、椭圆形、扇形和几何曲线形等曲线组合为特征的图案，带有轻柔的静怡之气，目标顾客主要为女性顾客。

（2）墙面装饰

作为店铺内部销售空间的重要组成部分，墙面的装饰在陈列商品的背景方面有很大的功用。如麦当劳餐厅的墙壁，或挂上活泼可爱的卡通画，或做成卡通玩具的展示墙，对每个进去就餐的顾客都能产生强烈的视觉冲击力，感受其充满朝气的快乐氛围。

善于做生意的人，连壁面也能做到"物尽其用"。除了陈列商品、张贴商品海报、大型招贴画等，也可以布置装饰性的艺术作品。商品、绘画、照片和摆饰等，无一不是丰富壁面的素材，用来装饰从架子到天花板之间的部分，绝不会太单调。

（3）天花板装饰

天花板不但能将建筑物顶部某些不雅的部分遮挡起来，而且可以与空间装饰、灯光照明相呼应，形成优美的购物环境和特定的店铺风格。

天花板的装饰，首先要考虑的是高度问题。如果天花板太高，上部空间太大，顾客便无法感受到亲切的气氛；反之，如果过低，虽然可以给顾客一份亲切感，但压抑感也会随之而来。一般情况下，天花板的高度应根据店铺营业面积决定，宽敞的店铺适当高一些，狭窄的店铺应低一些。比如一个10~20平方米的店铺，其天花板的高度应在2.7~3.0米之间，如果店铺面积达到300平方米，那么天花板的高度应在3~3.3米之间，并可根据行业和环境的不同做出适当调整。

其次是天花板的颜色问题。天花板要有现代化的感觉，能表现个人魅力，注重整体搭配，使色彩的优雅感显露无遗。年轻人，尤其是年轻的职业女性，喜欢的是有清洁感的颜色，年轻高职男性则强调店铺的青春魅力，所以使用原色等较淡的色彩最为适宜。另外，天花板的颜色也具有调整高低感的作用，因此，有时并不需要特别把天花板架高或降低，只需改变颜色就可以达到调整高度的效果。

再次，天花板还应与照明设备相配合，或以吊灯和外露灯具装饰，或将日光灯安置在天花板内，然后用乳白色的透光塑胶板或蜂窝状的通气窗罩住，做成光面天花板。光面天花板可以使店内灯火通明，但也会造成逆光现象，若与垂吊灯结合则可克服些缺点。

（4）货柜货架装饰

货柜货架是陈列、展示和销售商品的主要设施之一，是店员出售商品的操作台，并能容纳、储存和展示一定数量的商品，要做到商品醒目，容易选择，取放方便。

货柜货架的装饰既要求实用、牢固、灵活，便于顾客参观及店员操作，又要适应各类商品的不同要求。普通货柜货架为方形，可陈列和摆放商品。但异形的货柜货架不但可以合理利用营业场所面积，而且可以改变其呆板、单调的形象，增添活泼的线条变化。采用这种柜台时要因地制宜，结合建筑格局布置安排。异形柜架有三角形、梯形、半圆形以及多边形等各种形状，可根据实际需要选择。

在具体的店铺装饰上，要具备以下三点要求。

装饰要有广告效应：装饰者应打破单一的绘画与平面装饰观念，树立准确、迅速、有效传递信息和多形式立体思维的观念；打破生搬硬套的旧模式，树立与众不同的创新风格，观念标新立异，不拘一格，以新颖独特的形式手法引人注意，尽量给顾客以强烈的视觉刺激。比如把店铺门面装饰成外形独特或怪异的形状，别出心裁，吸引"眼球"。

装饰要结合商品特点加以联想：因为新颖独特的装饰，其目的不仅是吸引顾客的"眼球"，更重要的是使顾客未进店前就知道里面可能有什么东西，并有想进去看看的欲望。给顾客眼前一亮的感觉，从而吸引顾客进入店内挑选自己中意的商品。

店内装饰应本着节约的原则：以性价比的成本意识来考虑，但这并不是说控制成本就是一味地把成本压低。低成本装饰的店怎么看都会有煞风景的感觉，所以为了提高店内形象和营造活泼的气氛，可以充分利用各种招牌以及小饰品。例如店铺墙壁和店内空间可利用悬挂彩色布装饰，还可以使用卷帘分割店内空间。对于天花板比较高的店铺，还可以利用装饰布做天顶，进一步提升店内的形象。当然，可能的话最好使用高级装饰材料，这样材料的使用寿命长，长远来看不仅可以控制成本，而且外观上美观大方，有助于提高店铺形象。

第 4 堂课

次序的重要性
商品陈列能力的培养

　　同样一件商品，摆放的位置和形式不一样，就会产生截然不同的销售效果，从而影响店铺的效益。作为一名店长，商品陈列能力的培养，不仅能够让店铺陈列设计出色独到，在瞬间吸引住顾客的注意力，而且还能让你的才能得到更大发挥，获得更多被关注的机会。

商品陈列要讲究美感

①什么是商品陈列的美感？

②商品陈列的最基本要求是什么？

③什么是分类陈列？

④什么是主题陈列？

　　商品陈列表现出来的美感，应根据不同商品的定位来决定，或者是雍容华贵之美，或是通过色调与整洁所营造出的朴素淡雅之美。一件高档时装，如果把它很随意地挂在普通衣架上，其高档次就显现不出来，顾客就可能看不上眼。如果把它"穿"在模特身上，用射灯照着，再配以其他的衬托、装饰，其高雅的款式、精细的做工就很清楚地呈现在顾客面前，顾客就很容易为之所动。因此，商品陈列要充分有效地利用有限的空间，努力创造美的环境，突出经营特色，以最简洁、美观的方式向顾客展示、介绍商品。我们可以在保持商品陈列的有序性和整洁性的同时，依据商品的特性及店铺的文化进行艺术性的陈列创造，这是对商品陈列的较高要求。

　　情人节前几天，一家商场在商品陈列区摆出了一张造型非常别致的桌子，铺上精致的桌布，然后将一束玫瑰花、一瓶啤酒放在桌上的一个竹篮里，再在桌上放一支红烛、两只高脚杯，之外，是一盒包装精美的巧克力。许多年轻男女路过此处时都不由自主地放慢脚步，女人们眼里流露出渴望，男人们也似乎被商品陈列所展示的浪漫打动，若有所思。情人节后，商场发现，价格不菲的巧克力几乎一扫而空，而陈列于巧克力周边的葡萄酒、红蜡烛、女性首饰等商品的销售量也很不俗。

商品陈列是一门学问，有效的商品陈列会把顾客的眼球吸引住。那么在陈列商品、并且要获得美感的目的时，应该如何去做呢？应注意以下几点。

（1）分类陈列

在零售超市内，出售的商品种类很多，每件商品占地面积又小，这时就要分类陈列。因为商品的种类繁多，所以分类要明确，可以按照消费者的购买习惯，甚至商品的色别、款式等划分。例如出售钟表类商品，则可按细分市场划分为闹钟、石英钟、石英电子表、机械表等类别；如果是服饰部，则往往配合服装的功能，根据商品色彩和款式，甚至于它的使用场合等来作为店铺的分类依据，以便于顾客选购。分类陈列是整个零售超市使用最多的方式，凡是陈列在陈列台、展示柜、吊架、平台、橱柜的商品都属于分类陈列，因此在陈列时特别要注意商品的丰富感与特殊性。

在分类陈列时，不可能把商品的所有品种都陈列出来，这时应把适应本店消费层次和消费特点的主要商品品种陈列出来，或将有一定代表性的商品陈列出来，而其他的品种可放在货架上或后仓内，出售时可根据具体情况向顾客予以推荐。如出售女性羊毛内衣，可以从一般常见的小规格到较大规格依次分类陈列，但对于颜色或式样不能全部顾及时，则可以对每一规格都以不同颜色或式样分别陈列。这样不仅体现每个规格均有货，而且展示出商品的色彩与款式的多样性，激起顾客的购买欲望。

品种陈列法：按商品品种陈列是大多数店铺常用的陈列方式，因为依据品种来分，无论是统计还是进货都比较方便。如服装专柜，可以将商品分成几部分：休闲装、西装、职业装、儿童装等。

用途陈列法：这种陈列方法多用于家庭用品类商品的陈列，这些商品通常以自助方式来销售，可分成厨房用具、客厅摆设、浴室用品、卧房用具等。如果顾客需要照明用具，商品很多，如日光灯、白炽灯、台灯、吊灯、新型节能灯等，商场依用途把所有能提供照明用途的灯具都集中在一起，给顾客以充分的比较选择的机会，从而使顾客对所购商品更有信心。

价格陈列法：礼品及廉价商品的陈列多采用这种陈列方法。因为顾客购买礼品时会有一定的预算，按价格将不同价位的商品进行分类陈列，能方便顾客挑选和购买。而廉价商品为突出其价廉物美的特点，也多按照价格进行分类陈列。

材料陈列法：按材料陈列的方式在器皿类柜组比较常用。如将碗杯碟等分为陶器、瓷器、漆器、银器和塑料制品等，再把其分类陈列，使顾客在选购时能一目了然。

对象陈列法：这是一种依据购买对象的不同而分类陈列的方法，多用于对顾客性别、年龄、职业等区别较大的商品的陈列。如服装专柜，多依据消费对象的不同而划分为老年服装专柜、中年服装专柜、儿童服装专柜和青年服装专柜等。

分类陈列占了超市店铺的最大比例，其主要目的是使商品陈列一目了然，方便顾客选择，不断促进商品销售。因此，商品陈列时要注重强调某一方面的齐全性，杜绝毫无章法地胡乱堆放。如果忽视陈列的效果，则会造成顾客降低对商品的档次认识，最终影响到整个零售超市的经营效果。

(2) 主题陈列

主题陈列也称展示陈列，即在商品陈列时借助店铺的展示橱窗或店铺内

的特别展示区，运用各种艺术手法、宣传手段和陈列器具，配备适当的且有
效果的照明、色彩或声响，突出某一重点商品。

展示陈列必须明确打出一个主题，吸引顾客的注意力，使其产生联想和
强烈的购买欲望。因此，展示陈列的商品往往需要在配合某些节日或具有时
间性和主题性等方面作出精心的选择，尤其是新开发的商品更是展示陈列的
重点。有时也可以是一种商品，如某品牌热水器；有时也可以是一类商品，
如新型化妆品、工艺小礼品、装饰品等。由于顾客越来越注意视觉、听觉、
触觉等各种感觉，为了吸引大量的顾客，展示陈列的商品应尽量少而精，必
须运用各种辅助器具或装饰物来突出商品的特性，而且在商品的色彩、设计、
外形等方面要给顾客留下深刻的印象。如果陈列时又配以解释、说明，会加
大商品的吸引力。

展示式陈列的主要目的是引起顾客注意，刺激顾客的购买欲望，因此多
采用以下几种陈列方式。

中心陈列法：即以整个陈列空间的中心为重点的陈列方法。把大型陈列
商品置于醒目的中心位置，其他商品按类别组合在四周的货架上，使顾客一
进入店铺就可以看到大型主体商品。中心陈列法对于陈列主题的表达非常有
利，具有突出、明快的效果。

线型陈列法：以陈列单元为基础，采用垂直或平行排列的形式，按顺序
组排成直线的陈列方法。这样的陈列能更直观、真实、完美地表现出商品的
丰富内容，使顾客一目了然，并能强烈地感染顾客，使之产生购买的欲望。

配套陈列法：运用商品间的互补性，将不同种类但相互补充的商品组合
成一体，系列化陈列，表现顾客的生活需求，使顾客在购买某商品后，也顺
便购买旁边的商品，这样既可以使得店铺的整体陈列多样化，也增加了顾客
购买商品的概率。

顾客买了一瓶啤酒，看见旁边有开瓶器，就顺带买了一个开瓶器，然后记起来过几天要请客，所以再走几步，看到了陈列精致的玻璃杯，于是又挑选了一组玻璃杯。本来顾客只是为了买一瓶啤酒，结果因为买啤酒，而买了开瓶器，买了玻璃杯，甚至于连杯垫也一起买了。

特写陈列法：根据商品展示的需要，做一个放大为数倍于商品的模型，或扩放成大尺寸的特写照片，作为对视觉富有冲击感、调节空间气氛的陈列。

开放陈列法：展示陈列多采取开放式，使展示的商品与观众、顾客之间直接接触，顾客可以直接参与演示、操作、触摸体验。开放陈列法是一种具有较高时效性和最佳展示功能的展示陈列方法。

在某商场，与传统家电店铺的陈列方式不同，电饭煲、电水壶、电熨斗等时尚精美的大小家电，已经全部摆放在开放式的货架上，任意由消费者看、听、摸、用，这种方式可以让人更直接地感受每样家电，性能如何、使用是否方便。消费者通过自己的体验，可以少走弯路，减少了购买家电时的盲目性。

(3) 季节商品陈列

在季节变换时，零售超市应相应地按照季节变换，随时调整一批商品的陈列布局。季节商品陈列要永远走在季节变换的前面，尚未到炎热的夏季，无袖衬衫、裙子、套裙都应早早地提上柜台，同时注意商品前景色调的变化，给顾客创造一个凉爽的购物环境。一般来说，店铺内的商品不可能都是应时应季商品，因此应注意不同商品的不同面积分配和摆放位置安排。一般应时应季商品应多占店铺面积，并摆放在靠近入口、通道边等显眼的位置上，而淡季商品则适量地陈列，以满足部分消费者的需求，即使是那些没有季节性的商品，也应经常地从商品颜色、大小、式样等方面进行交换陈列。

季节商品陈列主要强调一个"季节性"，要随着季节的变化而提早调整，及时更换。陈列场所要与周围出售商品的部位、环境相协调，陈列的背景、色调要与陈列商品相一致。

(4) 综合配套陈列

综合配套陈列也称视觉化的商品展示。

近年来，由于消费者生活水平日益提高，消费习惯也在不断变化。为了能和消费者的生活相适应，并引导消费者提高生活质量，零售超市应在商品收集和商品陈列表现上运用综合配套陈列法，即强调销售场所是顾客生活的一部分，使商品的内容和展示符合消费者的某种生活方式。目前，综合配套陈列在日本、欧美国家的超市已得到很普遍的应用。在展开视觉化的商品展示时，首先要确定顾客的某一生活形态，再进行商品的收集和搭配，最终在店铺上以视觉的表现方式塑造商品的魅力。通过一系列的综合配套陈列，可以更人性化地为顾客服务。

陈列模式要符合购物心理

①顾客的购物心理是什么样的？

②商品陈列如何和购物心理相联系？

③什么是顾客的冲动性购买行为？

④商品陈列如何利用好顾客无节制购物的心理？

或许很多人都有这样的经验：原本是想去超市购买一瓶酱油的，但是等回来的时候却发现不仅购买了酱油，而且还买了醋、调料、方便面、大米、花生油等一系列的东西。为什么会出现这种情况，原因就在于我们在购物的时候落入了店铺陈列模式的"陷阱"当中。因为酱油的旁边往往是醋，而醋的旁边往往是各种各样的调料，调料的边上就是米面粮油等，一路走过去，想买的买到了，不想买的也买了。这种陈列模式就非常符合顾客的购物心理，对于店铺来说，这自然就是获利。

这天王大爷跟往常一样去超市购买生活用品，进了超市以后发现超市已经来了一个七十二变，里面的商品全部重新改变了陈列模式，自己经常逛的生鲜类食品区在逛了大半个超市、购物篮也多了不少原本不打算买的货品后，才在一个极不起眼的角落里找到了，一开始他以为自己进错门了，揉了揉眼再看，确实是要进的那家超市。

王大爷在路过饮料区时，突然想起自己的孩子特别喜欢喝可乐，于是就拿了两瓶，刚放进购物篮，瞥见旁边是薯片货品陈列区，又想起孩子喊了好久想吃薯片，以前从没注意到也就没买，今天看见了就索性多买几包，免得孩子说自己抠门儿。

就这样在不知不觉中，王大爷已经逛到了结账处，他不经意看了一眼自己的购物车，这一看吓了一跳，原本自己只打算买一些生鲜食品和生活用品，可现在购物车已经满了，里面除了买给孩子的，还有其他的东西，而且有些东西现在想想当初都不知道为什么要买，可现在已经快结账了，只能往家搬了。唉，都是这超市常常变模样，结果把我兜里的钱也给"变"走了。

很明显，生活中像王大爷这样的情况并不少见，几乎每一个进入超市的人都会犯这样的毛病，从这一点来看，店铺商品陈列威力不小。

那么在商品陈列的时候，如何才能符合顾客的购物心理呢？要做到以下几点。

（1）商品陈列要具备比较性

它指将相同商品，按不同规格和数量予以分类，然后陈列在一起。它的目的是促使顾客更多地购买商品。利用不同规格包装的商品之间的价格上的差异来刺激他们的购买欲望，促使其看中廉价而作出购买决定。

（2）主推商品要突出陈列

突出陈列即将商品超出通常的陈列线，面向通道突出陈列的方法。这种陈列方法利用其突兀感可以极大地吸引顾客，增加销售额。突出陈列有很多种做法，例如有的在中央陈列架上附加延伸架，据调查这可以增加180%的销售量；有的将商品直接摆放在紧靠货架的地上，但要注意高度适宜。

（3）商品陈列要顾及顾客的水平视线

即同一货架上的同类不同品牌产品，相比较而言，与顾客站立的水平视线最近的产品往往是卖得最快的。为什么这么说呢？因为人在购物过程中，眼光所及处的商品才会一目了然、加深印象，如果没有特别的品牌观念，一般顾客是不会仰起头或弯下腰去找商品，总是在与目光平行的商品栏上作选择。

（4）商品陈列不能一成不变

即当你的店铺商品陈列超过一月了，就可以适当改变一下陈列模式。顾客光顾你的店铺次数多了，自然对店铺商品陈列很熟悉，当有购物需要时，进店门后就直奔主题，这样就起不到捆绑销售的作用。若经常变换陈列模式，让顾客每次进店都有一种新奇感，在购物过程中还能附带销售其他的商品，这应该是店主最乐意见到的。

陈列空间设计要合理

①什么叫商品陈列空间设计？

②什么样的商品陈列空间设计是合理的？

③合理与否的评判标准是什么？

④如何才能设计合理的陈列空间？

所谓商品陈列空间设计是指在商品陈列的时候，如何用最小的空间摆放最多的商品，并且要保证这样的摆放是最合理的、能够获得顾客认可的。因为店铺陈列空间的合理与否，直接关系着顾客是否进入店内，也关系着店铺是否能够提升销量。店铺商品的陈列，并不是简单地只用几个货架把店铺的商品摆放上即可。如何陈列、如何分割陈列空间都需要考虑位置、顾客等众多因素，但最重要的一点就是：吸引顾客、方便顾客才是硬道理。

"OL"职业女装服饰店，主要经营女性套装和女式内衣。"OL"职业女装服饰店一向以商品的质量上乘和店铺的合理陈列模式而被顾客喜欢。"OL"职业女装服饰店大体分成两部分来展示不同的商品类型，一部分是半开放式的展示厅，主要展示女式内衣，内设展台和模特，模特身上的内衣款式是该店铺的主要推出商品，而展示柜内的商品则是比较畅销的产品，这类陈列方式让顾客置身其中有一种宾至如归的感觉。另一部分则是完全开放式大厅，这个大厅主要陈列女套装，除了采用展示台展示和模特展示外，还用货架展示，展示台上是新款系列女套装，用叠装方式不仅节省展示空间，还不影响顾客欣赏商品；模特身上展示的则是今年最流行的女套装款式，给顾客一种立体的视觉形象，货架上陈列的则是历年以来经典的套装款式。店内空间采用直线式设计，以灰褐色作为整个店铺的基调，其间再以深咖啡色点缀，店内唯一的空余位置——壁面四周——则当作宣传的媒介，摆放各种形式的图片。

"OL"职业女装服饰店的这类陈列展示设计营造了一种属于日常生活情境的氛围，也考虑到了进店来购物的顾客的心理感受，加强了购物环境的私密性和安全感，而店铺整体的直线型设计则体现了职业女性特有的自主自立的形象和女性内在的温柔成熟的女性特质，针对这一点而言，店铺内的陈列让顾客找到了一种心灵上的契合点，从而与商品产生共鸣。

那么在设计店铺商品陈列空间的时候，要注意哪些方面的内容呢？总的来说有以下几点。

（1）合理利用店铺"活区"

所谓"活区"，是指面对店铺门口人流方向最容易看见的注意到的区域，这个地方若不善加利用，对店铺的损失是很大的。那么如何合理利用店铺的"活区"呢？主要是把本店本季特别推广或最新的商品陈列在该区域，让顾客一进店门就注意到这些主推款和最新商品，而一些平常的只可以选择陈列在其他区域内，这样有助于提升销量。

（2）货柜陈列要利于顾客行走

店铺内的货柜陈列最好要有利于顾客的行走，并创造一种能一直走下去，似乎走完一段还有惊喜的感觉。一些店铺空间呈纵深形的，可以将通道设计成 S 形，并向里延伸扩展陈列空间；一些方矩形的店铺，则通过货架的陈列，让顾客可以在店铺内多转几圈，延长停留时间。这样不至于在顾客进门后，转一个 360°就可以看遍店内的其余商品而转头就走。

（3）壁面展示也很巧

当店铺的面积有限，而且陈列已经没有招式可想时，不妨从店铺内的壁面入手，它也是一个不错的陈列空间。比如说可以在壁面上选择一些质感不是太重、轻巧的商品展示，而且可以选择商品的色彩，为店铺的色彩加分。一个壁面不仅仅是展示商品的陈列面，更是彰显店主新颖构思的舞台。

橱窗风格要力求独特

①橱窗展示的目的是什么？

②对橱窗进行布置，应该讲究什么？

③橱窗展示是否是一个广告手段？

④橱窗展示要注意哪些问题？

橱窗是以商品为主体，以背景为衬托，并配合各种艺术效果，进行商品介绍和宣传的综合性的艺术形式。一个主体鲜明、风格独特的橱窗往往能够起到改善卖场整体形象的作用。橱窗对顾客的购买行为能产生下列的促进购买的作用。可以说，橱窗是店铺的"眼睛"，店面这张脸是否迷人，这只"眼睛"具有举足轻重的作用。橱窗是一种艺术的表现，是吸引顾客的重要手段。

橱窗里陈列着重要商品，并根据目标顾客的需求和季节的变化把畅销品和新品摆放在最显眼的位置上，不但能给顾客一个经营项目的整体形象，还能给顾客新鲜感和亲切感，引起他们对卖场的注意，激发他们的购买兴趣。所以说橱窗是店铺揽客的重要位置。

一家时装店为了更好地销售秋装，给橱窗里的模特穿上店里的秋装，在模特的手上挂上一个篮子，里面盛满松果。在橱窗四周，贴上一些黄叶和枯枝。整个橱窗营造出浓烈的秋天的氛围，无声地描述了一个常见的生活情节：秋天到了，大自然散发着收获的气息，姑娘们穿上漂亮的秋装，到郊外去采摘松果。

隔壁的一家笔记本卖场在"七夕节"对橱窗进行了名为"中国情人节'七夕'——天下有情人终成眷属"的主题布置，运用千纸鹤、柳叶、同心结等进行了橱窗布置。采用红、粉、绿三大暖色调来烘托这一主题。绿意浓浓的柳叶象征着生命、和平；粉色的千纸鹤寓意着相思和怀念；柳叶吊顶，纸鹤穿行于其中，一幅温馨、浪漫的景象呈现于大家面前。

上面的两个事例中，卖场都根据时节的变化进行了卖场橱窗的布置。无论是事例一中对橱窗的秋天主题布置，还是事例二中"七夕节"的主题布置都让店铺的商品得到了良好的展示，从而实现了揽客的目的。

在现代商业活动中，设计出色的橱窗不仅是店铺的一种重要广告形式，更是装饰店铺店面的有效手段。一个主题鲜明、设计独特、色彩鲜明、新颖别致的橱窗设计，可以与整个店铺结构和内外环境形成立体感，还可以为市容市貌增添色彩。橱窗设计应注意这样几点：

（1）展示焦点最好与顾客的视线取平

橱窗内商品展示的焦点应与来往行人的视觉角度平衡，那样顾客一眼就能看见，设置过低或过高都不利于顾客的观望和欣赏。特别是对于一些儿童商品的展示，一定要注意这一点。

（2）橱窗展示要构思独特

橱窗展示的目的是吸引顾客的眼球，招揽顾客进入店铺消费。所以，在橱窗内不需要放置过多的商品，只需要有新意、吸引眼球即可。当然，能让顾客在正面和侧面、远处和近处都能看清橱窗的整体，那是最好不过了。

（3）橱窗内必须陈列本店铺的商品

一般而言，橱窗是为自己的店铺做广告的，所以必须陈列自己的货品而不是别人的，而且最好是本店内的畅销品，这样有助于拓展更多的销售渠道，提升该商品的知名度。

（4）橱窗展示最好有鲜明的主题

橱窗其实也是一个小型的店铺展示，是先于你的店铺让顾客有所了解，橱窗内的商品摆放应先确定围绕什么主题设计，届时多种多类或是同种不同类的商品，一定要按照最初的主题设计，系统地进行分列，使顾客看过商品宣传后能一眼看出橱窗内的商品内容，切不可混乱摆放。

（5）橱窗必须保持清洁

这一点对于店主来说很容易做，但又很难长期保持，因为这个工作很简单，却很容易被人忽视甚至忘却。为什么说重要呢？橱窗犹如店铺的眼睛一样，清洁干净的橱窗才能让顾客看见展示的商品，若橱窗玻璃上布满灰尘，肮脏不堪，这样的橱窗顾客看见了以后，谁还会有心情进店内看呢。特别是食品店铺更应杜绝这类事情的发生。

商品组合陈列力争有创新

①什么叫商品组合陈列？

②为什么说商品组合陈列，效果更好？

③商品组合的方法有哪些？

④你曾经在哪个商场看过这种组合陈列法？

商品组合，又称商品经营结构，它是指一个店铺经营的全部商品的结构，即各种商品系列、商品项目和库存量的有机组成方式。简言之，店铺经营的商品的集合，即商品组合。商品组合一般由若干个商品系列组成。所谓商品系列是指密切相关的一组商品。此组商品能形成系列，有其一定的规定性。有的商品系列，是由于其中的商品均能满足顾客某种同类需求而组成，如替代性商品（牛肉和羊肉）；有的是其中的商品必须配套在一起使用或售给同类顾客，如互补性商品（手电筒与电池）；有的可能同属一定价格范围之内的商品，如特价商品。

在过去的几年时间里，"新视觉"家具店业绩平平，时不时还有一些货物积压，导致资金难以回笼，一副随时都有可能倒闭的样子。可是进入到2010 年，销售情况却突然火爆了很多，在这里购买家具的顾客由原先只买一个家具变成了现在的买一套家具，这是怎么回事呢？

原来，"新视觉"老板何先生最近采用了"组合陈列"的商品陈列方式。

即将原本一件一件出售的商品根据不同功用和需求组合在了一起出售，比如说"卧室组合"、"客厅组合"、"厨房组合"，甚至何老板还和县城最有名的家用电器代理商合作，将一些家庭必备的家用电器也一起组合销售，成了"电器组合"。正如何老板在广告中所宣称的那样"一站式购物"，顾客只要走进"新视觉"家具店，就不必再跑第二家店铺，完全可以在这里选到自己所需要的家具。

为什么说组合陈列的方式更加有效呢？原因很简单：顾客对某一家店铺的偏好，不是来自所有商品，而是来自于某个商品群。正是由于特色商品群对顾客偏好产生最直接的影响，所以店铺要不断推出和强化有创意的商品群组合，吸引更多的顾客来店铺消费购物。一般来说，商品组合通常有以下几种。

（1）增加商品种类

这是一种宽度组合法，即在已有的商品群中增加新的商品种类，即拓展商品组合的宽度。如西服，再增加衬衫、领带、腰带、领带夹、皮鞋、鞋油、鞋擦，即形成西装配套商品群。

（2）扩大商品项目

这是一种深度组合法，即在已有的商品群中不增加商品种类，每一种类之下增加品种、规格和花色，即拓展商品组合的深度。如文具类中的簿册经过深度组合可以建立一个新的商品群，包括大型记事簿、日记本、备忘录、袖珍电话本、名片夹、袖珍名片夹、普通信笺、情人信笺、便条等，在这些商品中划分出主要商品、辅助商品、联想商品和刺激商品，就形成一个新的商品群。

（3）按消费季节的组合法

如在夏季可组合灭蚊蝇的商品群，辟出一个区域设立专柜销售。在冬季可组合滋补品商品群、火锅料商品群。在旅游季节，可推出旅游食品和用品的商品群等。

(4) 按节庆日的组合法

如在中秋节组合各式月饼系列的商品群，在老人节推出老年人补品和用品的商品群，也可以根据每个节庆日的特点，组合适用于送礼的礼品商品群等。比如常用礼物商品群、儿童节商品群、小学生开学日商品群、重阳敬老商品群等。店铺还可以充分利用节假日的特点开发一系列商品群。如礼品群可以开发"太太生日礼品"、"丈夫生日礼品"、"父母生日礼品"、"儿童节礼物"、"情人节礼品"、"端午节礼品"、"中秋节礼品"等多种礼品。

(5) 按消费的便利性的组合法

根据城市居民生活节奏加快、追求便利性的特点，可推出微波炉食品系列、组合菜系列、熟肉制品系列等商品群，并可设立专柜供应。

(6) 按商品的用途的组合法

在家庭生活中，许多用品在店铺中可能分属于不同的部门和类别，但在使用中往往就没有这种区分，如厨房系列用品、卫生间系列用品等，都可以用新的组合方法推出新的商品群。

(7) 消费意境组合

为适应当今消费潮流，在满足物质消费需求的同时，注重精神消费需求，创造出美好的消费意境，并根据顾客意境创造出崭新的商品群，比如和谐意境商品群，以滋补保健品为主要商品，辅之以精美糕饼、方便食品；又如浪漫意境商品群，以香槟酒为主要商品，辅之以红酒、咖啡，或以新型香水为主要商品，辅之以小首饰、唇膏之类的化妆品。

(8) 根据供应商进行商品组合

为突出某一品牌，强调该品牌的影响力，可以将该品牌的所有商品组合起来，成为一个同一品牌商品群。如将海尔生产的电冰箱、洗衣机、空调、热水器、电视机、小家电等组合成一个"海尔商品群"，既促进了海尔家电的销售，又方便了品牌忠诚者的选购。

员工的重要性

店员培训能力的培养

工欲善其事必先利其器。对于一个店铺的店长来说，要想让店员为店铺创造利益，首先就应该对店员进行必要的培训。所以说，对店铺人员进行培训的能力也是衡量一个人是否达到店长水平的重要标准之一。

要让店员熟悉店铺的环境

①让店员熟悉店铺的环境有什么重要性？

②应该让新店员熟悉哪些环境因素？

③店铺新店员在工作中会遇到哪些问题？

④同事的行为态度对新店员有什么影响？

对于一个刚刚加入店铺的新店员来说，最最需要的或许不是销售技术上的培训，而是一个熟悉环境的过程。比如说对岗位的熟悉、对同事的熟悉、对顾客群的熟悉、对店长以及其他管理人员的熟悉、对店铺规章制度的熟悉……熟悉环境，是培训开始的第一步。如果第一步没有走好，那么接下来的培训也不一定能获得良好的效果。遗憾的是，很多店铺的领导者并没有意识到这一点，而仅仅是把熟悉环境当作一种浪费时间的行为，以至于没有达到培训的目的。

向妮第一次踏入蓝海旗舰店，就领到了一本装帧精美的《店员蓝页——入职指引》，《店员蓝页》中不仅包含店铺规章制度等常规内容，还详细罗列了新店员进店铺后去哪儿吃饭、附近超市怎么走，午休怎样打发等细节。手捧蓝页，向妮对新的工作环境不再感到那么陌生，而是对新工作充满了期待。

随后，向妮的直接主管将向妮要负责的工作内容以及店铺对其的重视性，认真详细地给她作了介绍。向妮也基本明确了自己来店铺要做什么，这个工作对店铺有什么作用以及在以后的工作中该加强哪方面的能力等，心中自然踏实了许多。

工作中当然少不了同事的配合与协作，在向妮急切想认识一下自己的团队成员时，主管就把她介绍给了同事们。这些同事都非常友好与她打招呼问好，然后介绍了各自的情况和工作的内容。碰巧的是，其中一位同事竟然是比向妮高一届的校友，两个人立刻就有了聊不完的话题。这些同事的举动让向妮感到了亲切，一见如故。她憧憬着以后与同事们共同做事、聊天。

主管除了对店铺规章制度以及各项政策作了详细地讲解外，还带向妮参观了附近的健身馆、超市、食堂……这些都让向妮感觉不一样。

一天的体验，让向妮不由自主地与其他店铺对待新店员的方式作了对比：以前的一些店铺对待新店员也有相关的入职指引，但都是针对某个项目的介绍，从未出现过涉及吃饭、午休等细节的内容。这让向妮感受到了蓝海旗舰店浓厚的人性化关爱，她决心在这里好好干。

蓝海旗舰店不仅对新店员向妮进行了一般的入职培训，而且还从人性化的角度出发，真正考虑到新进店员在新工作、新环境中面临的问题，并且作了积极的帮助。那么或许很多人就要问了：新店员在刚刚进入一个店铺工作时会遇到哪些问题呢？总的来说有以下几点：

(1) 对环境不熟悉，工作放不开手脚。比如说周围的同事都是陌生的面孔，难免有些紧张，工作起来蹑手蹑脚，才能无法得到施展。

(2) 对工作本身不熟悉，有力不从心之感。新店员进入店铺，总希望在短时间里获得同事的认可，所以难免会有快速成功的念头。可是因为对工作本身不熟悉，所以有力不从心之感。

（3）对同事不了解，无法快速获得帮助。店铺是个团队，要想成功，没有同事的帮助是比较困难的。可是对于新店员来说，同事是陌生的，所以也就难以获得真正的帮助。更有甚者，因为利益的关系，老店员不会主动帮助新店员，甚至会打击新店员的积极性，或者嘲笑新店员的错误，这对于新店员来说，无疑是个很大的障碍。

那么，面对这些问题，店长该如何解决呢？也就是说，在帮助店铺新店员熟悉环境的时候，该如何做呢？以下几点，不妨参考一下。

（1）采取老店员带新店员的方式进行。比如说在店铺招聘了新店员之后，就以"一对一帮扶"的方式让老店员带，所有的问题都可以咨询老店员，并且制定相关的帮扶政策，如果新店员出现了失误，不仅他本人要遭受惩罚，而且老店员也要遭受惩罚。这样一来，就排除了老店员"愿意不愿意"的问题。

（2）店长要对新店员进行关怀。虽然店长可能工作比较忙，没有时间对新店员进行全程陪同，但是却可以时不时地来到新店员身边，询问他们是否有问题。多给他们关怀，帮助他们迅速熟悉环境，辅导他们尽快掌握工作，协助他们解决所遇到的种种困难，从而让他们安心工作。

（3）通过明文规定的方式，把进入店铺需要了解、遵守的规章制度告诉新店员。比如说发放薪水的方法、升迁的政策、安全法规……

要持续进行销售技能的培训

①什么叫销售技能的持续培训？

②为什么销售技能培训要持续？

③什么时候应该进行销售技能的再次培训？

④销售技能培训包括哪些方面的内容？

随着经济的不断发展以及消费者对服务要求的日益提升，销售技能已不单单是为顾客解说商品那么简单了，在这过程当中，有很多方面的技能需要提高。当然，对于一个店员，特别是新店员来说，这些技能是无法在入职培训当中一次性完成的。这也就意味着这些技能的提高必须具备持续性、长时间性。因为顾客在变、销售环境在变、所有的一切都在变。

当然，在这个问题上，有很多店铺的管理人员并没有意识到这一点，所以导致了销售人员素质低下，"得罪顾客"、"赶走顾客"的事情时有发生。如果一个销售人员在销售过程中没有能够体现出优秀的服务业绩，那么他给店铺带来的损失，就不仅仅是一笔买卖未能做成，而是损害了店铺的整体信誉，这是一件非常严重的事情。

一位女顾客走进了一家百货商店，转了一圈，她在日用品的货架前停了下来。因为她发现了一种比较特别的香皂——香皂上边挂了一个长长的毛线绒，做成了十二生肖的形状，非常小巧可爱。于是，她询问了一个年轻的店铺人员："这香皂是干什么用的啊?"这位店员不耐烦、轻描淡写地说："洗澡洗手用的。"语气中好像还带有一种责备顾客怎么会提出这么愚蠢的问题的态度。

这时，旁边的另一位顾客插了一句："我用过这种香皂，它还真不是用来洗澡和洗手的，而是吊在浴室里，或挂在别的地方，利用水蒸气让香皂慢慢挥发，从而达到满室芬芳的效果。"这样一来，这位顾客自然很不满意那个不懂装懂且又不耐烦的店员。而店铺也因店员无礼貌、不专业的服务态度，使这位顾客对店铺的印象大打折扣。走出店铺门口的时候，对自己的同伴说："我再也不来这个店了，什么人啊。"而她的同伴则说："不仅仅咱们不来了，也要叫我们的那些姐妹再也不要来了，看它能支撑多长时间，哼……"

从上面的事例，可以看出销售人员的自身素质对店铺的形象、对销售业绩的影响都是比较大的。作为一名店铺销售人员，除了必须具备正确的服务态度与专业的销售知识之外，销售技能的提高一刻都不能松懈。

店员的销售技能主要包括以下七个方面。

(1) 店员的迎客之道

对于现在的店铺人员来说，迎客已经不仅仅只是"欢迎光临"这么简单了，还得讲究一些另外的技巧，这就是店员必须知道的销售前的技巧。一般来说，顾客喜欢比较热闹的店铺。因此，店铺销售人员应该营造出一种热闹的店铺气氛，如整理衣服、打扫卫生，在店铺内走动等。当然这些工作并不是为了做此工作而做，而是为了营造一种气氛，并且店员要在店外比较显眼的地方去做，以热闹的店铺气氛来迎接顾客的光顾。

(2) 店员的站位与跑位技巧

有些时候，顾客进店后很快就出来了。为什么会出现这种情况呢? 原因有二: 店中的商品并不是对方所需要的。

顾客是被店铺人员"赶"出来的。

为什么顾客会被店铺人员"赶"出来？原因在于导购的站位与跑位技巧出现了问题。特别是一些面积不大的店铺，其通道长度较短、通道宽度较窄，导购迎接顾客的时候通常习惯于站到顾客正前方，这样当顾客对这里的衣服兴趣不是特别大准备继续前行的时候，发现前方有一个障碍物阻挡，如果这位顾客不是非常喜欢这个品牌或者性格不是非常外向的话，他一般不会挤进去，而会选择后退离开店铺。这样顾客接触店铺商品的机会就减小，而且在店铺停留的时间减短了，也降低了店铺的人气。当顾客进店后，导购应站在可以看到顾客的地方，给顾客一个轻松的环境和行走空间。迎接顾客以后，应该站在不阻碍顾客行走并能与顾客正面目光接触的地方，其他导购可以辅助站在不希望顾客行走的地方（如中岛货架间的通道和外出的通道等）。总之，导购的站位与跑位应遵循的原则是让顾客更长时间、更大空间地行走和停留在店铺内。

(3) 判断顾客需求的技巧

当迎客成功后，如何才能了解顾客需要什么呢？只有沟通，再没有其他更好的办法。但是沟通一定要把握时机，既不可过早，更不能过晚，那么什么时机最好呢？以服装店导购员为例，六种适合接近顾客的时机如下：

当顾客进店后一直行走，突然停下脚步时；

顾客进店后，一开始走马观花，突然长时间注视某件商品时；

当顾客一开始只是看，突然触摸某件商品的时候；

当顾客的目光环顾四周时；

当顾客与其同伴低声讨论某件商品时；

当顾客仔细打量某件商品或者放在身上对比时。

当顾客进店以后，店员就需要用一定的时间来判断顾客的需求，为之后的工作打基础。

(4) 赞美顾客技巧

没有人不喜欢被赞美，顾客更是如此，甚至有的顾客会因为赞美而买下他们原本没有计划买的产品。因此，作为销售人员一定要懂得时刻赞美顾客。

赞美顾客的技巧：

赞美顾客本人的性格、衣着、声音以及眼光等；

赞美与顾客一起购物的亲人、朋友；

一定是真诚的赞美，而不是为了销售而赞美。

(5) 介绍商品的技巧

每一件商品都有它特有的卖点，这需要店长去引导店员，更需要店铺人员自己的学习和发现。而最好的介绍商品的方法就是突出介绍商品的卖点，卖点突出，那么商品自然有市场、有人缘，而不是只介绍商品的颜色、价格或其他同类商品都有的功能等。另外，就是商品能够给顾客带来什么益处。告诉顾客这个商品如何使用，对顾客有什么好的帮助，可以为顾客做什么。

(6) 联合销售技巧

店员一定要学会 1+1、1+2、1+N 的销售方式。当判断顾客对某商品较为满意时，销售人员可以巧妙地让其他产品与其搭配，产生更好的效果，这样顾客看了之后，也会有心动的感觉，那么可以把握住这个机会，进行第二次销售。要想做好联合销售，店长必须要求店员做好以下四点：

店员一定要坚持下去，不要认为有难度，就半途而废；

店员要打破固有的习惯，时刻保持 1+N 的推销意识；

店员要提高自身进行联合推销的能力，不能因为自己的搭配不当起了反作用；

店员一定要主动、积极地引导顾客进行这样的联合消费。

要重视店员心态的培训

①什么叫店员的心态培训？

②心态培训的主要目的是什么？

③心态培训的主要内容是什么？

④如何才能做好店员的心态培训？

店铺人员所销售的不仅仅是商品，更重要的是自己的心态。俗话说"心态决定命运"，这句话放在店铺人员的身上尤其适合。这就是为什么那么多的销售人员在同一家店铺、同样知名度、同样的 24 小时、销售一模一样的商品，而工作的收入却相差十倍甚至百倍的原因。除却销售能力的差别之外，就是心态的差别了。英国著名文豪狄更斯曾经说过："一个健全的心态，比一百种智慧都有力量。"这句不朽的名言告诉我们一个真理：你有什么样的心态，就会有什么样的人生。

所以，对于店铺人员的培训来说，心态方面的培训也是一个极其重要的内容，千万不可忽视，否则后患无穷。

杨娜是一个非常害羞的姑娘，从工作的第一天开始，同事们就发现了这个不是秘密的秘密，每当她面对顾客的时候，总是止不住地脸红，加上说话声音很小，往往要顾客询问几次才能听清楚，如果顾客声音再大一点的话，杨娜就会出现明显的紧张和不安。明眼人一看就知道，杨娜是一个爱怯场的姑娘，这给她的销售工作带来了一定的麻烦。甚至很多同事都在怀疑，杨娜这么害羞的性格怎么会选择当一名销售员呢？

其实杨娜之所以选择当一名销售人员，目的就是想帮助自己克服怯场的毛病。在了解到这一情况之后，店铺的管理人员张先生对她进行了心态方面的培训：如何让杨娜不怯场。

第一步：让老店员带着她，熟悉销售行业的环境。

于是杨娜就来到了这个最具挑战性的销售一线，当上了一名商场的销售人员。同事们知道了杨娜的情况之后，纷纷表示自己愿意帮助她克服这个难关。于是在这个商场里，大家经常会看到一个害羞的销售人员的旁边总是站着另外一个满面微笑、彬彬有礼的销售人员，这是杨娜的同事为了帮助杨娜而做出的示范。

第二步：帮助杨娜解决困难，让她树立信心。

记得有一次，害羞的杨娜遇到了一个非常刁钻的顾客，她先是要杨娜帮忙选择一个商品，杨娜照做了。可是顾客对杨娜选择的商品并不满意，又指示杨娜去拿另外一个款式的商品，杨娜也照做了。这本来并没有什么，销售人员本来就是要为顾客服务的，可是没想到的是，在杨娜第五次拿着商品出来的时候，那个顾客突然发起了脾气，对着杨娜大声吼了起来：你怎么这么笨哪，一点眼光都没有，我不是说我要××的吗，你没有听到吗，你耳朵有问题吗？……

本来就害羞的杨娜突然遇到这种情况，立刻傻眼了，呆呆地站在那里不知道该如何是好。这时，张先生走了过来，非常客气但是却又非常严肃地对顾客说：这位小姐您好，我们这里的商品是可以随便试用的，您完全可以自己去试用，如果你有什么特别的需要，可以告诉我们，我们一定尽力！

那位女顾客见此情景，匆匆选择了一个款式灰溜溜地离开了。这一次的经历让杨娜长大了很多，再遇到不讲理的顾客时，杨娜也能自然应对了。当

然，在同事们的帮助下，杨娜不仅克服了怯场的毛病，而且还获得了商场
"十佳优秀销售人员"的称号。

由此可见，店铺人员如果仅仅具备扎实的理论和过硬的技能，而不具备
正确的价值观、事业认知、思维方式和良好的工作心态，不仅会影响到自己
的工作，而且也可能给店铺带来较大的损失。作为店铺的管理人员，一定要
认识到这一点：心态的培训也是管理者对店员开展培训的核心。

那么对于店铺人员的心态培训来说，都有哪些内容呢？总的来说有以下几点。

(1) 职业生涯规划

为什么要对店铺人员进行职业生涯的规划？目的就是让店铺人员避免进
入一种"跳板"心态当中，即把店铺当成一种找工作的跳板。在找不到工作
的时候，就到店铺来当店员，然后骑驴找马，等找到工作又火速辞职。在现
实生活中，这样的情况并不少见。

那么职业生涯规划的培训该如何进行呢？最重要的是和店员进行沟通，
从他们的想法当中为他们制定一个规划，从而引导他们改变心态，一步一个
脚印地往前走。

(2) 成功的心态

谁说做一个店铺人员就无法获得成功？虽然这是一个偏见，但是很多店
铺人员却深信不疑。所以在对店员进行培训的时候，一定要纠正这种观念，
让他们明白，即便是一个最最普通的销售人员，也会有出人头地的那一天。
当然，对于这种培训，列举成功的事例是必不可少的。只有这样，才能具备
足够的说服力。

(3) 良好的思维方式

思维方式也是心态的一个重要方面，因为你是怎么想的，将直接决定你

是怎么做的。比如说很多店员一旦遇到刁钻的顾客，第一反应就是离开，把事情交给同事去做，或者就是三言两语把这个顾客打发走。这样的思维方式明显是错误的，也是在培训时应该着重改正的。

要进行事半功倍的店铺文化培训

①店铺文化培训为什么如此重要？

②店铺文化的内容有哪些？

③优秀店铺文化的作用有哪些？

④店铺文化培训的重点在哪些方面？

店铺文化是对店员在长期的生产实践中积累起来，有共同遵守的目标、价值观、行为规范的总称。对 21 世纪的店铺来说，"店铺文化"是一个店铺必须从开店时就要重视和积累的无形宝贵财富。每个组织都非常重视新店员入职前的培训，店铺文化培训就是其中非常重要的内容。一般店铺文化本身包括理念文化、制度文化、行为文化和物质文化等四个方面的内容。店铺通过文化知识的培训，可以使店员长期积累并得到店铺认可的价值观和行为体系，将店铺的文化传授给新进入者，使他们快速融入组织。

甲电器城在 2005 年之前，是一个非常著名的销售家电的店铺，但是后来由于管理不善，出现了资不抵债的危机，当时的亏损达到一个多亿，而且 100

多个职工基本上都没有工作干，店里销售出去的家电常常在卖出去之后又被退了回来。无奈之下，甲电器城寻求乙电器城的兼并。

当时这对乙电器城是一件非常重大的事件。乙电器城的店长当即对甲电器做了全面的分析，他发现：第一，甲家电总店第一不缺资金；第二，甲家电总店有现代化的销售流程的设备；第三，甲家电总店也不缺技术团队。那么究竟是什么原因导致他们面临被兼并的呢？经过再三考虑，当时乙电器城的店长终于发现了问题的所在：原来甲电器城败在它的管理模式上和它的企业文化上。

于是，乙电器城通过再三认真地分析研究，决定用无形资产，用文化来盘活甲电器城，并同时对甲电器城做了这样一个收购战略：目标——2~3 年使甲电器城成为同行老大；策略——用文化，用管理激活甲电器城；资源——乙电器城文化加上甲电器城现有资源；行动——立即行动。

在作出决定之后，乙电器城迅速地派出第一批人进驻甲电器城。乙电器城派去的第一批进驻甲电器城的人，不是店长，不是财务人员，也不是盘库的，而是乙电器城文化中心的人，他们做的第一件事情就是文化先行，并作为他们整个兼并的战略。

到了甲电器城之后，现在乙电器城的店长曾经分几次亲自到甲电器城，给它所有的店员讲企业的价值观、讲文化。他们到了之后，以市场为中心，告诉全体员工，我们卖的是信誉，要先卖信誉，后卖产品；第二，发动所有的店员找自己的问题，要降成本，要增大盈利；第三，给店员们定出了自己未来的发展目标，就是用 2~3 年的时间成为家电行业的老大。三个月的时间，就使得甲电器城扭亏为盈，到了第五个月，它第一次盈利了 150 万元，用了二年的时间，甲电器城家电总店成为家电行业的第一名。

从上述事例中可以看出，文化可以使一个店铺败落，也可以使一个店铺兴盛或者持续发展。因为文化本身就是一个组织的灵魂，是组织活动中的一个统帅，是组织行动的指南。在店铺经营活动中，店铺文化具有一种无法替代的核心作用。所以，一个成功的店铺，必然具备非常优秀的店铺文化。相反，没有文化或者缺少文化的店铺，终究会发展缓慢甚至失败。具体来说，店铺文化的作用有以下几点。

首先，优秀的店铺文化对店铺人员有激励作用。

店铺文化应该与店铺同时存在的。它存在许多表现形式，如店铺的"晨会"、店铺人员聚会、每月公布每位店铺人员的业绩、表彰好人好事等都是店铺文化的表现形式。通过对这些文化形式的实践，可以带动店铺人员树立明确目标，并在为此目标而奋斗的过程中保持步调一致；也可以在店铺人员中营造出非同寻常的积极性，使他们愿意为组织出力，起到激励店铺人员的作用。

其次，店铺文化能够协调店铺、店长与店铺人员、店铺人员之间的关系。

一个店铺要想迅速稳定地发展，必须使全体店铺人员在统一的价值观指引下，产生对店铺目标、行为准则、道德规范的一种认同感和使命感。店铺文化的一个特殊功能，就是以一种特有的整合力和推动力，促使店铺人员遵从店铺文化中的价值取向、行为模式、习惯等，从而使人们的行为指向终极的组织目标。

最后，优秀的店铺文化，对店铺人员有非常有效的制约作用。

店铺文化本身是一种无形的、非强制性的行为准则，但是当这种文化已内化为店铺人员内心的价值取向和精神需求时，便在无形中具有了一种潜在的强制作用。这种无形的强制作用即表现为店铺人员在实施行为时对组织共同目标自主自觉的选择，这时，店铺文化就已升华为一种信仰，一种一切都可以改变，而唯独店铺精神、店铺价值观不可改变的精神追求，这样店铺管理就有了坚实稳固的基础。

那么在对店铺人员进行店铺文化培训的时候，应该注意哪些方面的内容呢？

（1）让店铺人员认识店铺文化

突出文化的作用与文化建设的重点，尽快让店铺人员在第一时间就对店铺的文化有一个比较系统的认识，并树立一种必须在行动、思想上与店铺保持一致的意识。此项工作必须由一个比较了解店铺发展历程、战略思想及店铺文化的精髓的资深店铺人员来完成，培训内容包括店铺的发展历程、店铺文化的核心及形成的一些行为规范、制度文化和有效的文化建设方法与载体。

（2）多进行交流沟通

很多大中型店铺的店铺人员工作好久了，都没与店长或者店铺的其他负责人谈过话，这很容易让新店铺人员有一种疏远感，店铺人员也不知道领导对他们的态度与认识。如果店铺人员在进店铺的第一天就与店长等领导见面，会让新进者对店铺及店长有一种油然而生的亲切感，在第一时间树立一种为店铺服务的意识。

（3）做好相关准备

准备一份优秀的学习性文件，最好有一份全面介绍企业各方面情况的店铺人员手册等，让店铺人员可以进行随时随地学习，对自己的思想与行为进行调整和约束。

（4）制定"一对一帮扶"规定

为每一个新进的店铺人员指定一个合适的入职指导人，加强对新店铺人员入职的指导。

（5）动态信息掌控

每隔一段时间对新入职店铺人员进行一次互动交流，如部分店铺人员的座谈会，问卷调查等，了解店铺人员在融入店铺过程中所遇到的问题，进行有针对性的帮助与教育。

要让店员潜移默化地融入团队

①店员融入团队有什么好处？

②另类店员会给店铺带来哪些不好的影响？

③帮助店员融入团队，管理者要做什么？

④如何解除店铺新店员的戒备心理？

店铺的发展取决于每一个店铺人员的成功，对于新的店铺人员，管理者如何能让其快速融入团队？通过什么手段为新店员创造更好的成长环境？如何通过培训使店员的技术和潜力得到更大的发挥呢？那就是：对他们进行培养教育，让他们在潜移默化中融入这个团队，融入这个店铺。

章敏是刚进店铺的一名销售人员，在第一次的工作任务中，就表现出了较强的能力水平，为店铺创造了良好的效益，受到了督导的高度赞扬。幸运与能力的完美结合下，随后的几个单子也是顺风顺水、完美无瑕，她对店铺的贡献，不得不让所有人认同，受到了督导的再三奖赏。而督导的表扬也似乎让章敏有点扬扬得意了。

慢慢地，她开始觉得自己非同一般，不再和其他同事交流、沟通，一副自高自大、目中无人的样子，在店铺里独来独往。章敏的态度使得同事们渐渐疏离了她，都不愿意与她合作。于是，她成了被孤立的人，在许多事情上都陷入了极其尴尬的境地。在一次业务工作中，由于她判断失误，给店铺造成了不小的损失。同事的讥笑、督导的恼怒，使她无法再继续待下去，她很不体面地自行辞职离开了店铺。

从上面的例子中，可以看出因为章敏的自我骄傲，自以为是，已经将自己置身于集体之外，而集体也没有很好地接受她，当她犯错误时，不但没有人关心她、帮助她，反而遭到了大家的耻笑。其中尤其要指出的是这位督导的做法，实在存在欠妥之处：在店员为店铺做出业绩的时候，就大力表扬，而在店员犯了错误后，就恼羞成怒，这样的两种态度造成了店员极大的心理落差。作为团队的领导者、管理者，更应该对店员的表现作出不仅是及时的，而且是正确的分析和引导。

那么对于店长来说，该如何在潜移默化中让新店员融入团队呢？做法有以下几点，不妨参考。

(1) 关心他，让他慢慢接受整个团队

无论在什么店铺，都会有新店员存在。作为店长，不能因为店员是新手而不考虑他的能力就将其闲置。因为，一般来说，店铺新手缺乏友谊，缺乏让他依恋的温情体验，一旦被感动，反而会备加珍惜。因此，店长完全没必要强迫自己帮助他改变什么，而是只需要像关心老店员一样关心他，让他感受到真诚、关爱，那么他将很快地改变态度，忠诚于工作，忠诚于团队。

(2) 交给他一项"重要"工作

当有新店员时，店长应该首先给他一张工作表，告诉他这项工作代表什么，它的重要性，然后让他知道他需要做哪些工作来完成它，最后要鼓励他，表明自己对他的信任与肯定。这样不仅让店员明白你对他的信任与期望，而且还让店员有了一个明确的目标，尽快地投入到工作中去，与团队共同努力。当取得成绩时，店长一定要首先表扬团队的力量大，而后对个人的表现作出一些评价。这样方可让店员更加重视团队合作的重要性。

(3) 信任他、尊重他、原谅他、感谢他

作为管理者，不仅要让店员做一个合格的店员，而且还要让他们强烈地认为自己是团队中不可缺少的重要一员，增强其责任感、归属感、成就感。

让店员认为自己是不可缺少的重要一员，并不是让他们有"没有我地球就不转"的自大，而是店长给予店员的尊重和肯定。一个店员只有被认可后，才会更有信心，更大地发挥自己的能量。因此，店长一定要及时充分地肯定店员的成绩，对他们的工作要多表示赞赏，这些关爱与激励，足以让店员在不知不觉中忠于团队，放心地将自己置身于团队之中。

(4) 给他一个希望

给他一个希望，其实也会给店铺带来更多希望。如果一个店员表现一直不错，在对他有一定的了解后，店长就要为他建立一个"希望"，这个希望不能过高，也不能过低，而是一定要通过店员努力才能实现的"希望"。这种"希望"会让店员感到自己的老板不仅关心自己的发展，而且对自己很了解，因此，最终真的成为店长所希望的那种人，事实上，店长对新店员越是抱有希望，给予的信任和支持越多，他们干得就越好，也就越是团队中重要的一员。

（5）主动交谈，取得信任

新店员一般都不爱讲话，作为店长有责任和义务主动了解店员，在与他的沟通中，可以更清晰地掌握他的想法，了解他的困难，并对他给予帮助，以此消融他心中冰霜的屏障。在沟通中一定要找到他的兴奋点，这样才能让他参与沟通。另外，也需要倾听，并且真诚地给出自己对事情的看法和意见。

（6）有耐心，不要想着改变他

新店员一般戒心比较大，容易将别人的真诚相助当作是另有所图，因此，这样的人不好管，但只要有耐心和细心就一定能管好。特别要注意一点：不要想着去改变他，否则只会让他越来越戒备，从而离开这个团队。

激励机制的运用
店员激励能力的培养

　　天下熙熙，皆为利来，天下攘攘，皆为利往。对店铺人员进行激励是必不可少的，这不仅能够帮助店员减少懒散、怠工等现象，还能够帮助他们释放潜能，从而实现店铺更大的赢利。所以，要想成为一个店长型的人才，激励能力的培养必不可少。

制定合理的绩效考核制度

①什么是绩效考核制度？

②绩效评估有什么具体的作用？

③绩效考核如何能够激励店员？

④绩效考核的标准有哪些？

在全社会"能者多劳、多劳多得"氛围的影响下，大锅饭的分配形式已经被彻底打破。可是对于店铺人员来说，该如何真正打破大锅饭、实现多劳多得的目标呢？最重要的一个途径就是对店铺人员的业绩进行考核，即让店长知道这个店员做了多少事，该发多少薪水。这样既公平又合理，而且能够切切实实地反映出店铺人员的真实能力、真实水平。所以说，一个有效的绩效考核制度不仅仅体现了一个店长的水平和素质，而且也体现了一个店铺的赢利能力和竞争能力。

正确的绩效评估可以更正运营管理决策的错误，避免资源的浪费，作为店铺政策成效的审核、经营管理的指标及经营改进的方向。把各种经营绩效的项目及程序规格化、标准化，不但可以迅速评估店铺的绩效高低，减低开店失败率，也可以就绩效评估的结果进行改进，减少浪费、提高利润。

在建立绩效考核制度之前，某超市在薪资发放上是采取"岗位制"发放方式的，即发的是岗位工资，而不是绩效工资。比如说店铺促销人员每个月

1800 元、督导是 2000 元、店长是 3000 元……这样发放工资很轻松，但是却存在一个致命的问题：店员做多做少所得薪水是一样的。这样一来，不仅打击了优秀店员的积极性，而且也助长了懒散、怠工的歪风。超市的营业额一度下降了 20%。

为了彻底改变这种情况，超市的店长制定了一个绩效考核制度：对这些店员进行了明确的分工，并且对他们的绩效进行了登记和分析，然后月末的时候，对这些绩效进行考核，从而确定该发多少薪水和奖金。当然，也包括惩罚。

这样一来，店铺的销售情况大为改观，不仅先前懒散、怠工的情况不见了，而且店员之间也产生了竞争，店员的激情彻底被这公平的考核制度所激发，工作热情十分高涨，月营业额比实行绩效考核制度之前有不少提高，总的业绩有大幅提高。

不仅如此，在实行了这个制度之后，各个店员的真实能力也显现了出来，这对于店长进行员工的升迁、淘汰来说有了依据。

由此可见，对店员进行形式多样的绩效考核，如今已经成为店长管理店铺一线店员的一种重要手段。店员的工作绩效，是指其经过考评后的工作行为、表现及结果。例中的超市店员，经过工作绩效的考核，充分激发其销售的能力，带动工作情绪较懒散者的店员，从而整体提升店铺营业额。此外，作为超市的店长，通过对其店员作绩效的考评，从中获得真实的反馈信息，便可据此制定相应的奖惩措施，调整和改进其店员的销售技能。

店员绩效考核是每一位店员日后升迁及发展的重要依据，应力求客观公正。店员绩效考核制度，将有助于经营者一目了然地掌握旗下每一位店员的工作绩效。一项有效的绩效标准必须符合下列条件：

必须具有挑战性及可达成的特性；

要综合两方的意见，经过管理者及执行者双方同意，寻求兼顾双方利益的平衡点；

具体而且可以考评衡量；

必须备有明确的时间限制；

有助于持续性改善，必须能对下一次的考评有对比的效果。

那么，在具体进行绩效考核的时候，应该讲究哪些方面的内容呢？

(1) 利益分配应多劳多得

这一点是重中之重，也是制定绩效考核制度的目的所在——打破店员之间不公平的待遇问题，体现多劳多得的工作宗旨，从而使之成为一套能够最大限度激发店员动力的激励机制。用人不看学历看能力，不看资历重业绩，一切都看店员的业绩，一切也全靠业绩说话。绩效考核也必须与店员的个人利益挂钩：店员的绩效达标，应给予相应的奖金或是职位的提升以示奖励，反之则给予惩处。

(2) 店员的责任分工明确

在绩效考核中，责任和权利是相等的。每个店员所在的岗位不同，因而所要承担的责任也就不同，不能对全体店员搞一刀切的考核制度，而是应该结合店员的具体岗位情况，明确店员的工作责任和绩效。若一项任务不是某个店员的责任，但店铺管理者却要以此去考核他，这无疑会引起该店员的不满。

(3) 不能光看数字

通常情况下，店的绩效可以分为两个部分，即任务绩效，就是店员在完成既定目标时的绩效，而另一个则是容易被人忽视的店员日常工作中的表现，也称周边绩效。在考核绩效过程中，应把店员的这两种绩效都考核进去，不应只以数字论英雄，而漠视那些默默无闻、踏实辛勤苦干的幕后店员。

（4）重视考核实施后的效果

很多店铺虽在一开始就实施绩效考核，但事实上考核实施一段时间后，却没有及时对考核结果进行比对、总结和反馈。这样做只是把考核当作店铺管理的一种外在形式而已，却没有让绩效考核产生其真正的效用。考核有结果时，店长就应该对在考核中成绩突出的店员给予肯定表扬；而对于表现不好的店员则给予及时的提醒。这样才会使绩效考核的作用持久化。

力避缺少激励下的店员懒散

①店员懒散的主要表现是什么？

②店员懒散对于店铺来说会受到什么影响？

③店员懒散的原因有哪些？

④如何快速改变店员懒散情况？

在走进一家店铺的时候，经常能看到店员懒懒散散的样子，不仅对顾客的询问爱答不理，而且还会对顾客发脾气，希望顾客知难而退。当然，这些店员的目的是很容易达到的，顾客在受到冷落之后自然会选择离开，但是对于店铺来说，获得利润的目的也就无法达到了。

从这个角度来说，懒散的店员是店铺的祸害，如果不及时清除或者改变这种情况，店铺的倒闭是早晚的事情。

郑女士是一家超市的老板。因为当初选址的时候下了功夫，所以开业之后，光顾这个超市的顾客一直不少，利润也一直比较平稳。可是最近，郑老板觉得自己的店员似乎工作起来不太有激情，顾客进门了也只是无精打采地招呼一声，过后就让顾客自己在那儿看。

月底，郑老板把店铺的营业报表拿来一看，才发现问题的严重性：整个月的销售量还不如之前生意好的时候一个星期的销量，这样下去可如何了得？

一天，她正在看一本关于店铺销售的书，当看到"要适时激励店员的积极性"一条时，她抑郁多时的心结顿时打开了。原来，店员在熟悉了工作之后会产生一种懒散的心理，做什么都没有激情，郑老板了解了症结所在后，主动与店员交流，并不时把店铺发展的前景规划透露给店员，让店员也能对自己的前途有所考虑，从而重新拾起为自己的未来拼搏的信心。

这一招还真管用，店员慢慢变得很有激情，顾客进门使出浑身解数，努力让顾客不空着手出店。一个月下来，店铺的销售量比之前翻了一番。

对于一个店铺来说，如果在发现店员出现懒散情况的时候能够给予及时的激励，店铺的业绩就不至于下滑，更不会出现关门大吉的情况。就像事例中的郑老板一样，如果她在发现店员懒散情况之后，没有给予及时的激励，那么这个超市很有可能在不久的将来倒闭。

适时的激励其实是一件难事，激励得好能让店员爆发出潜在的能力，为店铺的发展作出积极的贡献；激励得不好，则不仅浪费自己的精力，还难以达到预期的效果，还会使优秀的店员跳槽。另外，激励还需要因人而异，应该在平时就注意观察每个店员的日常表现，必要时多倾听店员的心声，最好

是从其内心需求上去激励，这样才会更有效。激励店员有很多种方法，下面
简单介绍几种。

(1) 尊重店员提出的任何建议

成功的店主能千方百计地将店员的心里话掏出来，这样才能让店主
在接下来的管理工作中做到有的放矢。店主应鼓励店员对店铺的发展
提出具有建设性的意见，可鼓励店员畅所欲言，如设立意见箱、小组讨
论等方式，无论采用哪种方式，必须让每个店员都能提出自己的问题与
建议。

(2) 给出色的店员加薪

在经济社会条件下，物质奖励仍然是最主要的奖励方式。薪水不仅是维
持店员基本生活的保障，更应起到能者多得的作用，从而激发起店员的活力。
但加薪奖励也要谨慎对待，不仅要考虑加薪后对店员自身的价值体现是否贴
合，也要顾及其他店员的心情。

(3) 因人而异，发挥店员所长

店主可根据店员的一些爱好，从而尽可能让兴趣引导店员的工作热情。
让店员做自己喜欢做的事情，这也是一种激励方式。如果店员本身对工作内
容很感兴趣，但工作本身却带有一定的挑战性，这样店员会更加地投入，从
而发挥出更大的潜能。

(4) 多倾听店员心声

前面我们说到要善于倾听顾客的心声，店员的心声其实也需要店主注意
倾听。店员作为店主的被雇佣者，一定有对工作的诸多建议或是对自己的一
个认识，此时，店主要多多倾听店员对店铺各方面的想法。让店员实实在在
地参与到制定店铺的工作决策中。当店主与店员建立了坦诚交流、信息互通
有无的机制后，对店员产生的激励效果将更加明显。

塑造店长以身作则的形象

①在店铺中，店长的强权政策会导致什么后果？

②强权管理者的激励能力是大还是小？

③店长以身作则有什么样的好处？

④店长以身作则为什么能够激励店员？

作为一名店长，绝不能用"铁腕"来对待店员，不仅仅因为"铁腕"显得过于"冷血"，更因为"铁腕"除了会让手下的店员变得更消极外，毫无用处。我们可以下这样一个结论：一个靠着权力来命令店员做事情的店长，其激励能力是很小很小的，甚至根本就没有。

要想激励店员，店长不仅不能依靠权力来进行，而且还应该以身作则，给店员带好一个头、作他们的榜样和模范。尤其是在自己犯错误的时候，应该积极改正，学会自我批评。毕竟谁都会犯错误，谁都应该改正错误和接受相应的处罚。店长更应该如此。一旦自己犯了错误，就务必要按制度办，这不仅是在树立自己的威信，而且也是在激励店员。

王先生是一家超市的店长，工作勤恳努力。他通常会提前20分钟到店整理货架，打扫卫生，开启电脑、传递数据、下载通知；上班时间非公事不离开店铺，离开时保持手机开通，以便店员有事及时联系。而且，王先生待人非常和蔼，不管是店员，还是顾客，他总是微笑地、耐心地解答他们提出的问题。因为王先生的表率作用，所有店员也都能按时上班，有的店员也会提前赶到门店，与王先生一起做好营业前的准备工作。在王先生的细心经营下，超市的营业环境和销售业绩也越来越好。

有一次，一位顾客急匆匆地闯进店内，嚷着要见店长。原来是顾客在店内买了一瓶醋，回家后发现有质量问题。听完后，王先生拿着小票，并和顾客一起来到食品柜台，果然还有 9 瓶醋跟这位顾客所买的醋有同样的问题。于是王先生立即向顾客道歉，并且全额退款给顾客，并解释说之所以会出现这样的情况，与自己进货时的疏忽有关，由于进货是按总量的 1% 抽检，因此有可能漏检。并且，王先生当着顾客的面，撤掉了柜台上这些有问题的醋，并向顾客保证，自己马上与供货商联系，共同解决劣质醋的问题。看着王先生真诚的道歉，顾客也没有了怒气，只是提醒下次一定要注意一点。

事后，王先生就这件事情开了会，并且做了自我批评，并且自己罚自己 200 元，作为超市以后的公共经费。

作为店长，王先生能够严格要求自己，凡事以身作则，有效地鞭策和激励了店员，使得他们对工作更加积极和认真，也使得店铺的营业情况越来越好。要知道，店长的一言一行，都是店员关注的焦点，要让自己成为受尊重的、有激励能力的店长，就必须从自身做起，以身作则，做店员的榜样。这是一位优秀领导的基本素质，更是激励店员的一个有效途径。

那么为什么说以身作则能够激励店员呢？原因有以下几点。

(1) 以身作则能获得追随者

在现实生活中，店长总是店员目光的焦点。但是，振臂一呼，应者云集的领导能力绝不是一个领导职位就能赋予的，没有追随者的领导剩下的只是职权威慑的空壳。也就是说，是追随者成就了店长。追随者的培养，要从店长自身做起，凡事以身作则，养成良好的工作习惯和道德修养。你这样做了，你的追随者群体就会自然而然地形成。

我们的绝大多数的店长，都非常希望有一支高素质的店员队伍。但反过来，店员们更希望自己的领导能像个领导，是个事业上处处以身作则，靠得住、信得过的带头人。只有这样，店员们才会感到有奔头，死心塌地地跟着你。有些领导，疲疲沓沓，说话随便，打起麻将来，一玩就是半夜，上班迟到早退，自以为独霸一方，这样的领导谁会服呢？其结果自然是好人一个个离他而去，坏人却越聚越多，不一败涂地才怪！

（2）以身作则才可服众、得人心

要成为一个好的店长，首先要管好自己，为店员们树立一个良好的榜样。正人先正己，管事先做人。正如著名管理学家帕瑞克所说的，"除非你能管理'自我'，否则你不能管理任何人或任何东西"。在一个组织里，领袖当然是众人的榜样，你的言行举止众人都看在眼里，只有懂得以身作则来影响下属，管理起来才会得心应手了。

（3）以身作则可在关键时刻凝聚力量

在困难的时期，店长以身作则、身先士卒，做好榜样，才能带给店员自信和保障，让店员看到希望，与你共渡难关。如果领导自己就先乱了阵脚，手足无措，可想而知，你的店员怎能不打退堂鼓？以身作则可以在困境中凝聚力量，还可在困境后，让店员对你在困境中表现的冷静、镇定表示敬佩，并且产生"跟这样的领导干活，值"的激情与忠诚！

利用好身边的模范效应

①什么叫"模范效应"？

②"模范效应"对店铺发展有什么好处？

③如何避免店员成为"温水里的青蛙"？

④树立模范店员的好处有哪些？

店员在日常的工作中，难免会产生厌烦和懈怠的情绪。作为店长，如果忽略了店员的这种"当一天和尚撞一天钟"的状态，必然会让店铺处于"亚健康"状态，店铺人员就很容易成为"温水里的青蛙"，优哉地过着日子，得过且过，感觉不到外在的威胁。而店铺也将很快关门大吉。英国有句谚语说得好，"好人的榜样是看得见的哲理"。而为店铺树立一个榜样、一个模范，就是调动每个成员的积极性，增强成员竞争意识的最好方法。

因此，必须避免店铺人员成为"温水里的青蛙"。这就需要店长想办法保持住店员的活力和竞争意识，让他们在不断地奋斗中成长、进步。因为店铺中的模范店员，最基本的特点就是优秀、能干、充满竞争力，他是积极的店员，会对那些"懒羊羊"造成潜在的威胁——被老板发现偷懒、怠工。于是，这些"懒羊羊"必须改变，否则只能被淘汰。在这样的良性循环下，店铺的士气、战斗力必定会提高。

"黄河岸"超市在月度统计的时候发现了一个非常严重的情况：月度销售

额和上个月相比下降了将近 30 个百分点，这意味着超市不仅不能盈利，而且还会负债。如果这种情况不及时消除，后果将不堪设想。

那么该如何激励店员努力工作呢？店长何先生想到了一个办法：为他们树立两个优秀的模范。他们就是本超市上个月成绩最突出的两个店员：小梁和小秦。

第二天，何先生召开了超市人员的全体会议，通报了超市面临的情况，并且语重心长地对全体店员说道："这个月的销售记录大家已经看到了，可以说情况非常不容乐观啊。如果再这样继续下去，我们的店铺可能要不保了，当然大家的饭碗也就可能不保了。那么我想问大家一句的是：这就是你们想看到的结果吗？当然，在销售的过程中，大家也遇到了很多困难，这我也知道，不过这些困难并不是不能解决的。就像小梁和小秦一样，他们同样遇到了这些困难，可是为什么他们的销售业绩还是这么好呢？我们是不是应该找找我们和他们之间的差距呢？"

说到这里的时候，何先生自己从口袋里拿出了 1000 块钱的现金，分成了 2 份，然后当着所有店员的面，把它交给了小梁和小秦，作为这个月的奖金，以此来激励其他店员。

果然，在第二个月的销售过程中，店员们都表现出了非凡的能力。到月底统计的时候，销售额足足增长了 70%。

由此可见，树立门店模范，是每个店铺管理者势在必行的举措。为什么这么说呢？主要有两方面的原因：一是可以将一些成绩突出，能力强贡献大的老店员树立为店铺的优秀店员榜样，这样做一来可以发挥榜样作用，带动和激发其他店员的积极性，同时对"榜样"本人也是一种激励。因为成绩得到组织和众人的认可和尊重，增加了成就感，还因为成了榜样也就成了焦点，别人都看着呢，能马虎吗？二是要不断补充新鲜血液，把那些富有朝气、思维敏捷的年轻生力军引入店铺中甚至管理层，给那些故步自封、因循守旧的懒惰店员带来竞争压力，从而让店铺呈现出勃勃生机。

那么如何利用好身边的"模范效应"呢？可以通过以下几点进行：

（1）利用店长创业的经历

店长是店铺的第一个"英雄"。店长自己的创业经历，是一个非常有效的英雄教育素材。它可以让店员更了解组织的发展过程，从而让他们爱岗敬业，产生自豪感和凝聚力，进一步成为组织持续发展的动力，尤其是可以提高店长自身的人格魅力。不过有一点要注意：在讲述中切忌浮夸，要真诚实际，否则很可能会画蛇添足。

（2）利用好店铺中涌现的模范

在店铺中，总会有一些工作比较努力、业绩比较突出的店员。比如说事例中的小秦和小梁就属于此类。利用好这些真人真事，等于在干部店员中树立了学习榜样，并通过这些故事，阐述工作中的因果关系，即告诉店员工作自身的规律性，使干部店员将其上升到理念，进一步成为势在必行的制度和习惯。

（3）利用好其他店铺的模范

比如说同行业店铺的模范、竞争对手店铺中的模范等。因为，自己店铺中的模范故事，虽然贴近生活，但终归有很大局限性，不够广泛、不够典型，教育意义会大打折扣。如果能收集、利用同行业、竞争对手店铺内的模范故事，更有说服力、更有激励效果。

传递与表达积极的工作心态

①什么样的心态是积极的心态?

②消极惩罚为何效果不佳?

③积极心态的传递和表达有什么好处?

④如何向店员传递积极心态?

　　如何让店员更加卖力地工作,有两种比较典型、具有代表性的做法:第一种是给予正面的、积极的鼓励,在取得成就的时候给予奖励;而另一种则用惩罚、批评、指责等负面的方法进行推动。虽然两者的目的相同,但是却使用了不同的方法,自然最终的结果也是不一样的。下面我们不妨来看一个事例,它深刻地说明了这一点:

　　常女士和向小姐是一个店铺新任的两位年轻的销售主管。两个主管都年轻有为,充满激情,可是在管理店员方面,两位主管的处理手段却不一样。

　　有一次,常女士看到手下的一名店员在与向小姐手下的一名店员闲聊。于是气势汹汹地走到她们面前说:“你们两个上班干吗呢? 工作场合是用来工作的,不是用来聊天的! 该干吗干吗去!”两位店员表情立即变了,表现出不服气的样子。

　　不巧,向小姐正好看到这一幕。于是走过去对她们说:“我知道你们工作很辛苦,想聊会儿天喘口气,这些我能理解,不过你们是不是打扰了其他店员呢？"

两个店员点点头。

然后向小姐开玩笑地说："快干活吧，我还等给你们发奖金呢。加油啊！"

两位店员立即微笑着分开了。

这时，常女士突然走过来拍了一下向小姐的肩膀，说："你行啊，我得向你学习啊！"

而向小姐则神秘地笑了笑，说："谢谢。对她们要温柔点，即便是批评，也应该积极一点，这样她们才能努力工作啊！"

事例中，向小姐非常巧妙地指引着店员，而不是粗暴地责备，于是，不仅问题从根本上解决了，而且店员也会不带情绪地继续工作了。由此可见，作为管理者更要善于用积极的语言、行为获得"人心"，向他们传递积极的心态，从而让他们获得激励，挖掘他们的潜力。那么该如何去做呢？以下几种是常见的方法：

(1) 表达积极的语言，增强店员的信心

很多店长在进行促销活动之前，都会对自己的店员进行鼓励、喊一些激动人心的口号等。其实这就是一种积极语言的表达，这样做能够增强店员的自信心。其实，店长积极语言的表达习惯，也是对店员的一种激励。一个人的自我激励非常重要，同样别人对自己的激励也很重要。店长就承担了这样一个重要的角色，每天的暗示对自己、对店员都有一种无穷的震撼力。

(2) 改变"我不行"的悲观思维

积极向上的人与别人交流时，总不轻易言败，而悲观者却十分自然地说出自己不行。事实上，一个人如果总是说自己不行，话重复说多了，就会在自己的思维中建立一种暗示，只要事情稍微有些为难，它就会起作用，暗示自己"不行"。因此，这种思维严重阻碍个人、团队的发展。作为店长一定不要让店员被这种思想控制，而是要鼓励他们说更多积极的言语。人有自我激励的习惯才能容易取得成功，才能有自信。从潜能角度来讲，每个人身上都有一座金山，都有无穷的宝库，只要学会去挖掘，一定会激发出无穷的力量的。

(3) 积极引导，看轻店员所犯的错误

店员难免会犯错，这时作为店长千万不要轻易大发雷霆，过分地批评和指责店员的过失，更有效的方法是利用积极的方式帮助店员分析、总结教训，如"小李，这次尽管没有完成销售任务，但是我知道，你一直在努力，下次一定能做得更好，对吧？相信自己！我们一起分析一下你这次出现的一些小错误吧……"通过分析更能让店员了解到自己这次哪里没有做好，下次如何避免。另外店员也会因为老板没有严厉批评，而归结为是老板对自己的宽容。所以，对于不好的事情，店长要用积极的方式引导，注意运用积极的言语，这样会达到更有效的改善效果。

(4) 善解人意是实施积极表达的前提

作为一个管理者，不能过分吹嘘、作不切实际、不符合身份的假积极。善解人意才是店长表达积极的前提。即便是平时的沟通，店铺管理者也应善解人意，以主动的姿态，真诚的态度，风趣的言谈，制造出和谐轻松的气氛，消除对方的紧张心理，缩短彼此的心理距离。

第 7 堂课

团队力量的发挥
团队缔造能力的培养

　　火车跑得快，全靠车头带。一个店铺，就是一个大的团队，而缔造这个团队的往往就是这个店铺的店长。店长能力强，缔造的团队能力也就强。也就是说，团队的核心竞争能力的大小受到店长团队缔造能力的制约。所以说，要想成为一个优秀的店长，团队缔造能力的培养是必不可少的。

设置团队明确的目标

①团队为什么需要目标？

②什么样的目标算是明确的目标？

③要想制定明确的目标，要注意哪些方面？

④实现这些目标的过程中，要注意哪些问题？

我们都知道，一个团队如果没有目标，就等于失去了前进的方向。就像一个人失去了眼睛一样，看不到前方的路。但是，并不意味着有了目标，店铺就能获得前进和发展。因为这些目标如果不够明确，就如同虚设，同样起不到"导航"的作用。在我们身边，一些非常有潜力的店铺最终走向倒闭，其中一个非常重要的原因就是那些目标太模糊而且过于繁多，使得人们不清楚目标到底是什么，而且面对诸多的"目标"、"方针"、"机会"，感到无所适从，不知道到底该先干什么，后干什么，这种情况的结果就是最终目标的流产。所以说，要想店铺团队能够快速发展和前进，明确的目标必不可少。

山姆·沃尔顿创立第一家廉价商店时，当时他的第一个目标是"在5年内，使纽波特的小店成为阿肯色州最好、获利能力最高的杂货店"。要实现这个目标，这家店的销售额必须增长3倍以上，从年销售额72000美元，增长到25万美元。结果是这家店达到了目标，成为阿肯色州和附近5个州获利能力最高的商店。

沃尔顿继续替他的公司设定惊人而清晰的目标，每过10年就定出一个目标。有一次，他定出的目标是：在 4 年内成为年销售额 1 亿美元的公司（亦即增长两倍以上）。

当然，这个目标又实现了。他继续替公司定出新目标，以某年为例，他定出的一个新目标是：在某年前，使公司拥有的商店数目翻倍，并且使每平方尺的销售额增加 60%。

那么什么样的目标才是清晰、明确的目标呢？它的衡量标准是什么呢？一个最简单的方法就是店员是否真正地知道、理解团队的目标，以及他自己的任务。那么对于店长来说，该如何保证自己所制定的目标是明确、清晰的呢？以下几点不妨参考一下：

（1）时刻注意，目标是否数值化

什么叫数值化？即要把模糊的目标转变为明确的数字。举个例子来说，这个月店铺的营业额要超过上个月，这就是一个比较模糊的概念，要想让目标变得更加明确，可以采用"这个月的营业额要达到 10 万元，比上个月增长 10%"的说法。在进行数值化之后，不仅团队成员都能理解这个目标的意义，而且更加方便于对目标进行分派和实现。

（2）具备衡量目标实现与否的标准

一个团队的目标，应该是一种"行动的承诺"，以达成团队的使命。当然，要想知道这个承诺是否足够清晰，还必须具备一种"标准"，以测量团队的绩效，从而认定团队成员的工作是否已经达标，目标是否已经实现。

同样举个例子来说，某店铺的目标是"本月的营业额要达到 10 万元，比上个月增长 10%"，那么它的衡量标准就是"10 万元"，或者说"比上个月增长 10%"。店铺团队在经过一个月的努力之后，是否已经达到了目标，通过和两个数字进行比较，就能快速得出结论。

（3）工作重心是否能够明确

团队的目标，应该足以成为一切资源与努力的重心；应该能从诸多目标之中，找出工作重心，作为团队的人力、财力和物力运用的依据。因此，团队目标应该是"择要性"的，而非包罗万象、涵盖一切。如果团队的目标仅仅表达一种"意愿"，那么，这些目标没有丝毫意义。有执行力的管理者设立的目标，一定是具体的、清晰的、明确的、可以评估的，并且可以转化为各项工作。

（4）是否能够确定目标的优先顺序

既然目标是明确的、清晰的，那么就能轻易确定目标实现的优先顺序。毕竟，任何一个组织都不可能同时实现多个目标，更不可能全部做好。因此，管理者必须设定目标的先后次序，然后集中力量做最重要的事。这是团队管理者要做的一件事情，也是衡量目标清晰与否的标准之一。试想，如果你的目标是模糊不清的，又怎么能分得清哪个重要，哪个不重要呢？

明确成员的职位和职责

①什么叫功能性角色？
②什么叫团队角色？有哪几种？
③明确角色定位有什么好处？
④明确成员的位置和职责对于缔造团队有什么好处？

我们都知道，团队之所以显得重要，是因为团队能够发挥出"1+1>2"的竞争效果。那么为什么团队能发挥出这样的效果呢？原因就在于团队成员之间的密切配合，能力达到了互补，所以发挥出了整体的优势。

那么如何才能让团队成员之间的能力达到互补、发挥出整体的优势呢？一个前提就是区分清楚团队成员扮演的功能性角色和团队角色，明确团队成员的职位和职责。即对每个团队成员根据本身的能力和特性进行分工合作。

所谓功能性角色指的是工作职位描述上所列出的项目，例如，你所在的团队要招聘一名业务部门的经理，在招聘启事上所写的职位要求就是对功能性角色最好的阐释。决定功能性角色的是团队成员所具有的专业技术、经验或专业知识，这些可以通过学习获得。

所谓团队角色指的是团队成员在团队工作中，与其他成员间的关系中所扮演的角色。它取决于我们天生的性格及后天习得的行为，而非由专业技术、经验或专业知识决定，例如一个人的个性是天生莽撞或凡事挑剔，因为这种个性的驱使，不管在什么团队里他都可能扮演类似的角色，无论他是团队中的核心人物还是普通的团队成员。虽说他所扮演的角色可能会随着每个团队里成员的个性不同而有所调整，但本质上并不会有太大的改变。

虽说在同一个团队成员的身上都具有这两种角色的特性，但是这两者之间有着绝对的区别，然而现实中许多的团队管理者并没有认识到这一点，将两者混淆，甚至认为团队成员所扮演的功能性角色就是团队角色，在选择团队成员的时候，着重考察的是该团队成员的功能角色。不错，这样组建的团队看起来各个都具有较强的业务能力，但是是否真的能让他们每个人发挥出个人的能力，发挥出团队的整体优势呢？

中世纪欧洲盛行探险，无论是贵族还是平民都热衷于此。当时，英国的某座城市有两个贵族青年，他们受到此种风潮的影响，有了这种冲动，可是一直没有付诸实际行动，因为他们还有一个问题没有达成共识，那就是应该寻找一些什么样的人组建这支探险队。

其中一个人认为，应当选择当地力气最大、反应灵敏的人，理由是因为探险中充满了危机，如果团队中有这样的人必定能化险为夷。

另一个人则认为，并不全部需要像这样的人，在他们中间最好有性格差异和特长不一样的人。最终他们谁都没能说服对方，各自按着自己的想法组建了不同的队伍出发了。

这两个探险队伍中，一支全部由身形高大、魁梧有力的人组成。另一支队伍却显得十分地杂乱，什么样的人都有，更令人奇怪的是中间还有一个马戏团的小丑。

看到这两支探险队伍，所有的人都认为那支由不同类型的人组成的队伍用不了多久就会灰溜溜转回来。然而事实上，回来的竟然是那支清一色由壮汉组成的队伍。当他们看到这支队伍后，第一个念头便是另外一支队伍可能出现了意外。

时间在慢慢地流逝，几年后，那支被人们认为遭遇到不幸的队伍竟然回来了，更让他们感到惊奇的是，这支队伍竟然到达了他们的目的地。

这到底是怎么回事呢？为什么一支精锐的队伍会在半途无功而返，另外一支看起来毫不起眼的队伍却获得了成功？人们的心中充满了好奇，询问那位到达目的地的贵族青年。

"我只是让不同的人做不同的事情，并且让他们各自发挥自己的特长去帮助对方，让整个探险过程就像是一次愉快的旅行。"那个年轻的贵族说道。

挑选好优秀的团队成员是管理好团队的前提条件，从上面的故事中我们知道，决定团队是否真正具有竞争力的，并不是团队成员的专业技能有多强，而是团队成员间是否各有特长，能否默契地配合和互补，形成一个行动统一的整体。

虽然我们已经对功能性角色和团队角色有了一个大概的认识，并且知道了团队角色的重要性，但是我们仅仅知道这些，还是不可能组建和管理好一个团队的，我们应该对团队角色有更为深刻的认识。相关研究者将团队中的团队主要角色归纳为九种。下面便是这九种主要角色以及特点：

（1）播种者

团队中这种类型的角色是非常聪明并且思维活跃的思考者，其特长在于提出新的想法及解决困难问题，他们撒下种子，由团队其余的成员负责培育，让种子成长并结出甜美的果实。播种者是团队中充满想法的人，但这并不是指其他成员没有自己的想法，而是播种者能以前卫、充满想象力及横向的角度思考。不过播种者并不是将这些想法付诸行动的最佳人选，他们很快就对这个构想失去兴趣，而且由于他们关注的是主要的问题而非细节，因此容易错过一些细节，并犯下无心之误。

播种者通常喜欢独立工作，他们相当个人主义，也不拘泥于传统，一般不喜欢交际，可能也不是容易相处的工作伙伴。对于批评与赞美相当敏感，较不重视其他人的想法，也不擅长与观念相左的人沟通，他们期望其他人能配合自己而改变。

播种者倾向于在激发想象力的想法上花费大量时间，却往往忽略了团队的需要与目标。如果你的团队里有太多播种者，团队生产力会非常低，因为他们十分执着于与别人一较高下，并且坚持己见，无法接受别人的提议。

（2）资源调查者

资源调查者虽然同样充满创造力，但是并不像播种者一样擅长于提出新想法，他们比较懂得运用某人所提供的原料并加以发挥。他们个性随和、外向并且充满好奇心，通常人缘非常好，像处世机敏的外交官或协调者，也能独立思考，他们正面且积极的天性，对团队士气与工作动机的鼓舞可能有相当的影响力。

另外，资源调查者留意团队外的一切，与团队外的人也保持相当的联系，他们能很快地发现新机会，也常在办公室外或通过电话搜寻、洽谈最划算的交易，通过这些方法，能提高团队其他成员的工作热情，这正是最重要的地方：让团队免于停滞或失去活力。

虽然资源调查者通常是引发工作热情的人，但他们非常依赖其他人的鼓舞，若没有得到其他成员的正面回馈，热情很快就会消散，一旦某个专案已在进行中，他们也会对它失去兴趣，并且忽略了后续的工作。

（3）协调者

协调者高度遵守纪律并擅长统御，他们天生倾向于专注在一个特定目标上，让整体团队能朝共同目标迈进。他们能营造团队内部的凝聚力，通常会受到其他成员的尊重。

协调者充满自信，通常有权威气质，擅长授权与沟通，并且擅长于发掘一个人的长处和优点，并能将对方的长处和优点运用到对整个团队有益的地方，因此，协调者通常是规范工作角色及内容的人，自然也常成为团队的管理者，即使他们不能担任领导者，同样是团队中的重要核心人物。

协调者聪明有见识，在心理上也很成熟。他们并不比其他成员聪明，也不更具创造力，他们的长处在于挖掘其他人的技能并运用在达到团队整体目标的事物上；他们能整合一群才能和个性各异的人员，凝聚他们对团队的认同，并描绘团队的共同目标。

（4）塑形者

他们是充满活力并容易紧张不安，非常外向、冲动而缺乏耐性的一群人，通常相当急躁，甚至有时在偏执边缘；喜欢寻求和接受挑战，对事情的结果十分在意。他们要看到成果，也会要求他人展现成果，这可能导致争执，但并不会持久，不用多久，他们就会把这些不快抛到九霄云外去了。

他们能将团队的整体目标具体化。在团队会议针对某一问题讨论时，他们总会寻找模式，并试图将众人的想法、目标以及任务整合成一个可行的计划，接着热切促使大家做出决定并采取行动。

塑形者干劲十足，能成就事业，因此他们通常是天生的团队领导者，虽说他们表现得高度自信，不过在有些时候他们也有许多只有在见到成果才能消除自我怀疑；在他们身上还有另外一种特质，就是在困难出现的时候，他们往往会有很好的表现，因为他们能克服问题且勇往直前；不在意别人的质疑，也愿意做出可能令某些人不满的决定。

(5) 监控评估者

团队中的这种角色，他们大多是聪明、稳定且内向，个性单调乏味，甚至可说是冷漠的人。他们的长处并不是提供想法，而是清晰、冷静地分析其他人的想法，他们会评估所有的好处与坏处，是敏锐的裁判，并且很少会出现错误的决定，他们通常能让团队免于采取错误的行动。

监控评估者是客观的思考者，他们会从容做出结论，也不会由于发现计划或论点存在小瑕疵而大肆批评。他们是相当不易动感情且冷淡的，通常不易受到激励，但这也有其优点，因为他们的判断非常客观并且很少受到个人或自我中心的想法所影响。他们对团队的士气没有什么帮助，有时甚至有害，因为他们表达看法时往往直言不讳，但他们的意见通常公平且中肯。

团队的管理者要让监控者发挥自身的长处，就是使他们保持工作热情与乐观态度，否则他们可能对团队造成负面影响。因为他们善于分析问题、拟订计划或评估其他人的贡献，你给他们大量书面或需要复杂分析的资料，他们的表现会令你满意。

（6）团队工作者

团队工作者大都具有类似以下的性格特征：敏感而喜欢交际、个性温和、对团队忠心，正是因为如此，他们最清楚团队里成员们的情绪变化，是优秀的倾听者与外交官，对于新想法，他们的直觉反应是加以运用发展，而不是从中挑毛病。

由于他们身上具备这样的特质，他们的出现可以将团队里的人际关系问题降到最低，当团队成员间起冲突时，团队工作者的存在便更可贵。不过遗憾的是他们身上缺少应有的竞争力，有时显得优柔寡断。如果让他们担任领导者，团队可能缺乏活力，但是由于他们人缘很好，不具有威胁性，因此往往能起到激励团队成员的作用。

（7）执行者

执行者具有组织化的技能、常识及自律能力，他们能将想法与决策转化为清晰且可操控的任务，将整体计划转变成行动计划。除了忠心及无私，他们工作认真且条理分明。执行者的可贵之处在于，不论个人对工作内容的好恶为何，他们都乐于完成任何交办的工作。

执行者喜欢营造秩序，对于突然的变化感到不安，他们最擅长拟定工作时程、编订预算、制作图表及建立制度，虽然有点不易变通，且对于自己认为不相关的想法有抗拒的倾向，但很愿意配合提案作调整与修正。

（8）完成者

这种类型的角色因为天性紧张且内向，担心事情出错，他们要到彻底确认过每个细节后才放心，由于他们如此谨慎且不辞辛劳，因此他们是杰出的校对者。虽然完成者并非特别独断的人，但他们会传播一种感染整个团队的急迫感，而且无法忍受别人漫不经心的态度。

由于完成者对事情有条理并且周密，他们发现授权给别人是很困难的事，但他们几乎都能达到自己所设的最高标准要求，而且绝不超过任何截止期限。

(9) 专家

专家以所有的精力获取最专业的技能或知识，他们最感兴趣的是自己专长的领域，热烈地追求进步，对此抱持高度的专业态度。不过他们对于别人的工作有不关心的倾向，而且很可能是不太留意别人的独行侠。他们拥有干劲、全心奉献，一心一意想成为特定领域里的完全专业人员。

在工作内容基于专业技能与知识的团队里，专家是关键角色，在这些情况中，专家可能成为好的管理者，因为他们具备知识，赋予了他们针对问题深度了解再做决定的能力。

营造快乐的团队气氛

①快乐的团队气氛为什么如此重要？

②营造快乐团队气氛的人是谁？

③该如何营造这种快乐气氛？

④快乐氛围和成员激励有什么关系？

快乐是我们人生的追求，也是我们选择是否加入一个团队的因素之一。从这个角度来说，只有一个充满快乐气氛的团队才能吸引别人，才会让更多的人才加入进来。否则，即便你已经找来了团队所需要的人才，也会因为工作气氛的压抑而让他们选择离开。这对于一个团队，特别是一个刚刚组建的团队来说，是致命的打击。那么这个快乐的气氛是从哪里来的呢？最主要的是店长营造的。如果你想成为店长型的人物，就应该好好培养自己的这个能力。

在美国俄亥俄州的奈尔斯有一家百货超市，销售上千种家庭用品。多年以来，该店铺店员的工作士气非常低，销售业绩迟迟上不去。店长心急如焚，每天都板着面孔将店铺店员教训一番。可店铺店员丝毫不理会这一套，依然如故。店铺财政很快陷入了赤字危机。危难之际，大吉姆店长走马上任，着手处理这种情况。时间不长，情况就出现转机。那么大吉姆是如何做到这一点的呢？

大吉姆没有采取什么特殊的管理方法，他只是在店铺里到处贴上这样的标语："如果你看到一个人没有笑意，请把你的笑容分些给他"，"任何事情只有做起来兴致勃勃，才能取得成功"。在这些标语的下面都签着一个名字："大吉姆"。

大吉姆还为店铺制定了一个特殊的标志：一张笑脸。在店铺的收银台上，在店铺的大门上，在店铺的货架板上，甚至在店铺店员的工作帽上都绘有这张笑脸。

大吉姆自己也总是满面春风，他向店员征询意见，以愉快的声音喊着店员的名字打招呼。全店200多名店员的名字大吉姆都能叫出来。每次与店员交流，大吉姆总不忘适时插上一句笑话，活跃氛围。因此，再严肃的话题，到了他那儿也变得十分有趣。再棘手的矛盾，他也能迎刃而解。随着时间的推移，大吉姆的快乐不再孤独，全店200多名店员都深受感染。他们一改"冷心、冷面"的旧形象，以饱满的热情快乐地工作着。结果，店铺没有增加1分钱的投资，销售业绩却惊人地提高了近80%，大吉姆真的成功了。

当一个店员在工作中感受到快乐时，他最起码会精力充沛，充满激情，进而主动把工作做好、做精。快乐的激励因素，还会缓解店员的紧张情绪，减轻工作压力，树立信心。由此可见，快乐不仅影响团队成员的行为动机，还是提升团队士气的成功因素。实验结果表明，店员快乐的程度与工作效率成正比例的关系。那么对于店长来说，该如何营造这种快乐的团队气氛呢？以下几点值得注意：

（1）用风趣幽默化解矛盾

在团队内部，一句风趣而富有哲理的话，常常是淡化矛盾双方敌对情绪的良药，让双方在开心一笑中乖乖就范。因此，一个店长，常常也是化解内部矛盾与冲突的高手。由于快乐自身所禀赋的强大感染力，言辞幽默的店长无论走到哪儿，哪儿的气氛就会快乐一片。而快乐可以拉近店员与店员、店员与店长之间的距离。因此，在快乐中，店长常感觉到更容易将责任托付给店员；而店员的工作精神，也常被激发到最高境界：自动自发、主动进取，锐意创新。

（2）利用一些现成的快乐诀窍

研究一下那些充满快乐的店铺，你也能从中找到"快乐激励"的诀窍，比如说以下几种：

与人们共同分享欢笑，但不要笑话别人；

轻松些，别对自己太严肃；

要笑出声来；

带着幽默去思考问题；

采用娱乐的态度去工作；

计划一次娱乐活动；

保持自然的本能；

帮助别人看到事情轻松的一面；

适时搞些恶作剧。

不要感到难为情，快乐带来的高效率会告诉你，这是值得的。大作家马克·吐温说过："成功的秘诀就是把你所从事的职业变成你的休假。"换句话说就是："让工作被快乐淹没，那么你一生中的每一天都不必工作。"这才是快乐激励的最高境界。

(3) 随时随地祝贺取得成绩的店员

当店员取得成绩时，店长最好真诚地向他们表示祝贺，当他们失败时泰然处之，最好再讲点幽默的话，如"让它悬在空中吧，时间会把它抛弃的"，等等。不要板着一副冷面孔，否则店员就会从内心产生反感，不利于工作绩效的改善。

打造独特的团队标签

①什么叫团队标签？

②团队标签的实质是什么？

③如何打造独特的团队标签？

④打造团队标签的条件是什么？

所谓标签，就是一种识别的工具。而团队标签，自然则是识别团队的工具。那么对于一个团队来说，识别它的标签是什么呢？是团队的负责人还是团队的所在地呢？都不是，团队标签的实质是团队文化。在我们身边，总是有一些团队能够在困境面前乘风破浪、在同行纷纷破产倒闭的时候他们却获利非凡。支撑这些团队走过这些困境的不是什么特别的诀窍，而是归功于良好的团队文化。

明星（化名）商场创建于 2008 年，现有职工 120 余人，固定资产 1500 万元。在发展过程中，明星商场的管理层充分认识到团队文化对"鼓舞店员士气"的重要意义，决定把团队文化摆在前所未有的高度，将其作为一种新的激励力融入到店铺管理中。他们认为，有些物质激励资源也许会枯竭，唯有文化激励力会生生不息，绵延不绝。

基于这样的思想认识，明星商场发起了"百星点缀"的团队文化建设工程。所谓"百星"，就是指 120 多人的店员队伍；"点缀"就是要把团队文化的种子，撒播在每一位店员的心田，让它开花结果，发展壮大，寓意这次活动不会流于形式，而是使每一位店员参与其中，将大家的心凝聚在一起，建立起一种具有高激励力的团队文化氛围。

实施团队文化工程首先要制订科学的实施计划。按照计划，明星塑造团队文化的过程中，将达成五个目标：（1）明确明星商场的总体经营目标；（2）凝聚店员的向心力；（3）形成有特色的团队文化；（4）寻找明星新的优势点；（5）品牌形象延伸和提高全员素质。为此，明星商场特将塑造工程分成四个阶段进行：

第一阶段，经营文化明确化；

第二阶段，团队文化深植化；

第三阶段，精神文化共识化；

第四阶段，团队文化推广化。

通过这四个阶段，明星商场成功地建立了具有高激励力的团队文化，在店铺内部形成了强大的内驱力，促进每个店员自动自发，奋勇直前。

从明星商场塑造工程的第三个阶段（精神文化共识化）可以看出，店长若想用"团队文化"提高士气，带动效益的增长，还必须意识到：团队文化作为一种无形的激励资产，其闪光之处在于团队文化能得到店铺店员的认可。如果团队文化得不到店员的认可，甚至被店员误解，那么，其激励作用的发挥必将面临巨大的障碍。一言以蔽之，仅店长"炮制"团队文化是远远不够的，它还需要得到店员的理解和认可。团队文化只有被店员认可了，才能真正达到激励店员的目的，提升团队竞争力的效果。

事实证明，明星商场的这种做法是正确的，也是成功的。现在，周围的人只要一提到明星商场，马上就想到了明星商场内火热的营销气氛，热情周到的服务……这些已经成了明星商场销售团队的一个标签。

事实证明，一个健康的、有竞争力的团队文化，会对店员产生强大的激励作用，能够增强团队的竞争力。良好的团队文化能使全体店员相信自己是在世界上最好的店铺中工作，而产生由衷的自豪感。同时，还可激发店员的积极性、创造性和主观能动性，并让店员和店长成为并肩作战、荣辱与共的合作伙伴。

要成功地激励店员，使店员彼此交流并主动结合在一起，建立良好的团队文化是关键。团队文化是激励店员的精髓，是开启店员主动性的成功钥匙。唯有建立了团队文化，以文化赢人、育人，店铺才能将激励落到实处，才能提高店员的士气，并长久保持。建设良好的团队文化需要一定的条件，具体来说有以下几个方面。

奖罚分明，创造一种主动沟通的氛围；

鼓励店员积极学习，为店员提供必要的学习、培训机会；

创造一种良性竞争的工作环境；

使工作丰富化、扩大化的文化；

提供多变、鼓励承担责任的文化；

为优秀人才提供发展机会和有吸引力的工作环境的文化。

当这些条件都具备了，店长所面临的一项重要工作，就是塑造健康、良好的团队文化。我们知道，店铺的文化核心是团队合作、公平对待店员、积极进取和创新。本着这一文化核心，店长究竟该如何建立激情洋溢的团队文化，打造独特的团队标签呢？以下几点不妨参考一下：

（1）寻找自己店铺团队的特色

可以说每个店铺的团队都具备自己的特色，而店长要做的事情就是找到这个特色，然后把它明显化、清晰化。比如说一个店铺的店员全部都是大学生，那么大学生就是其中的一个明显特色；如果一个店铺的店员全部都是女性，那么纯女性也是一个特色。只要能够利用好这个特色，同样能够成为店铺的一大文化来源。

（2）对这些特色进行挖掘和延伸

在找到团队的特色之后，接下来要做的就是对这些特色进行挖掘和延伸，从而形成独特的团队文化。比如说全部都是大学生的店铺，那么在打造团队文化的时候就可以从"大学生"这个角度出发，营造相关的气氛。

（3）进行必要的宣传和强化

在对团队特色进行了挖掘和延伸之外，还有一件事情要做：对外进行宣传，以此来强化团队的特色。这种强化有两个方面：

第一，团队成员内心的强化，即对这种团队文化要表现得自信。一说到自己的特色，团队成员应该当仁不让地站出来。

第二，外界人士内心的强化。特别是竞争对手、同行、顾客内心的强化。

处理好团队的内部冲突

①内部冲突是否都是对店铺发展不利的？

②为什么在冲突发生时不能回避冲突？

③害怕冲突团队的表现有哪些？

④如何有效解决团队内部冲突？

任何一个团队都会存在一些冲突。对于团队来说，这些冲突有好有坏。好的是，这些冲突的解决能够给团队带来新的发展。而不好的则是如果这些冲突没有解决好，很有可能给团队带来一些威胁，影响到团队的发展。所以说，团队当中出现矛盾和冲突并不可怕，可怕的是团队负责人不懂得如何处理这些冲突，甚至回避这些冲突，视而不见，给团队的发展造成很大的困难。

于青是在某大型超市招聘店长助理时进入这个超市的，那个时候，超市的组织机构存在严重问题，5个部门中，能干实事的寥寥无几，且大多效率低下，部门之间的冲突不断。如果不处理好这些冲突，这家大型超市很有可能会关门大吉。

那么冲突都是哪里来的呢？经过一番调查之后，于青心中有了数：原来冲突源于特权，特别是收银部的特权，让店铺的其他店员觉得受到了不公平的待遇。于是，于青在征得店长的同意后，决定进行改革。但改革的主张首先受到了来自收银部的挑战。收银部势力很大，一个部门就占用一层楼，成员们个个待遇优厚，其地位之所以如此，原因在于这里的 20 个人大多是店长的子弟亲属，后台较硬，被人称为"特殊王国"。对此，其他店员的意见一直很大。

于青知道收银部很有背景，但如果容忍收银部我行我素、目中无人，那么自己以后的工作将很难开展，其他店员也不会服气，于是她打算拆除收银部的小圈子，彻底击垮这个"特殊王国"。

于青下令，限收银部于第二天下午 6 点前将其占用的第四层楼腾空，搬到指定的三间房子里。她知道这道命令必然会招来收银部强力的抵制。

果然，收银部的成员连夜开会，商量对策，决定"集体上诉"，到店长那里告于青的状。到了第二天中午，她们仍然占住第四层，不肯搬迁，与于青保持着对峙状态。

于青知道这小圈子的实力，也知道自己可能会因此而得罪店长，但为了店铺利益，为了自身命令的有效性，她没有退却。

于青马上召集所有中层以上领导开会，决定如果收银部再不搬迁，就罢免其部长。这一招果真灵验，谁都不愿丢了自己的乌纱帽，部长在即将宣布罢免令的最后一分钟终于屈服，开始搬迁。

从此，来自收银部的阻力被彻底破除了，其他部门在于青改革之剑的寒光下也不敢再有任何抵制情绪，规规矩矩地执行于青的命令，机构改革的速度不断加快，为店铺的销售创造了良好的条件。更重要的是，这个小团体被消灭之后，整个超市的销售团队工作起来更加卖力了，团队成员之间的信任也增强了。店长看在眼里喜在心里。

坚定持久的关系，要靠建设性的冲突才能发展下去。可是，在很多情况下，特别是在工作中，冲突却被视为禁忌。即便出现了冲突，很多团队也不想去解决，而是回避。其实面对冲突，没有必要变成一只"惊弓之鸟"。因为团队回避冲突，往往是为了避免伤和气，后来反而助长了更危险的紧张关系。如果团队成员不能对重要的想法公开辩论、提出异议，通常会转变成私下的人身攻击；而这比针对议题做激烈争辩，更龌龊恶劣，伤害也更大。同样讽刺的是，很多人避免冲突，是为了提高效率；然而，建设性的冲突，其实是节省时间的利器。认为团队争辩会浪费时间和精力的观念，实乃大错特错；避免冲突的团队，注定一再陷入相同的问题。

害怕冲突的团队的表现特征：

会议枯燥乏味；

漠视争议性主题；

无法了解团队成员的全部意见和看法；

浪费时间和精力，只是在装腔作势地处理人际危机。

那么在面对团队内部冲突的时候，最应该做的两件事情是什么呢？

（1）清"地雷"

如果要克服团队回避冲突的倾向，团队领导者有时必须担任"扫地雷"的角色；负责挖出团队中埋藏的歧见，并将这些摊在阳光下，让大家清楚明白；同时有勇气和信心提出敏感议题，并迫使团队成员寻求解决之道。

另外，团队负责人必须在会议中保持高度客观的立场，并且坚称冲突最终将得以解决。有些团队可能会在特定会议或讨论中，指派某个团队成员担负这个责任。

（2）即时认可

在发掘冲突的过程中，团队成员需要训练彼此，不规避建设性的辩论。一个简单而有效的做法是当冲突程度升高、参与者开始感到不自在时，团队负责人可以适度介入，提醒大伙，这样做是必要的。或许这听来太过简单，但是这的确能协助身陷其中的成员，面对棘手但具建设性的冲突时，有效释放互动中的紧张压力，进而有信心继续向前。等到讨论或会议结束时，较为适当的做法是再次提醒参与者，刚才的冲突是为了团队好，往后再有这类冲突，也无须回避。

第 8 堂课

如何管理"上帝"
----- 顾客管理能力的培养 -----

　　顾客就是店铺的上帝，是店铺财富的给予者，留住顾客，就留住了财富。那么如何才能留住顾客呢？最重要的是对顾客进行管理。顾客管理得好不好，将直接在店铺业绩上体现出来。要想成为一个好店长，这个能力是必须要培养的。

留住顾客档案，就留住了生意

①什么叫顾客的档案？

②留住顾客档案的好处有哪些？

③如何获得顾客的信息用以备案？

④如何利用顾客信息进行店铺销售？

所谓顾客的档案，其实就是顾客的个人信息。比如说年龄、兴趣喜好、有价值的日期、联系方式等。将顾客的信息登记下来做成一个档案，这不需花费很多时间，但却有让人意想不到的效果。建立顾客的信息库，能够方便店员开展工作，更深入地了解顾客以及了解顾客的购物特点。在有了顾客的相关信息后，店员在进行交流时也能始终处于有利的位置。最重要的是，在了解了足够多的顾客信息之后，就能知道店铺该进什么样的货、该如何销售、该以什么样的方式促销最能打动顾客的心。

"日日红"鲜花店的订单总是不断，雇用的送花工已经有好几个了，但有时还是忙不过来，这么好的生意让周边的同行羡慕坏了。这家鲜花店开在高楼大厦里，附近好多的公司开会时或是迎接贵宾时都需要鲜花来点缀，小白领偶尔回家也会带上一束花。但看见这个商机的不止这一家，没几年工夫周边已经先后有十家鲜花店了，唯独这家鲜花店生意总是那么可人。

"日日红"鲜花店的秘诀就是：给每一位来该店买鲜花的顾客都登记在

册,包括公司的一些基本信息、花色喜好、用途、使用场合等。一些公司的领导也对这家鲜花店很有好感,原因是每次送来的鲜花都能切合场合的需要,这多亏了这个鲜花店平时对各个顾客信息资料的掌握。

当然,除了这些措施之外,"日日红"鲜花店还对自己的客户进行促销,比如说等到顾客消费满一定金额,到了顾客生日那天,该鲜花店就会免费送一束花给顾客。就这不起眼的小举动,却深深温暖了顾客的心,只要需要鲜花就一定来这里。

"日日红"鲜花店的店主在一开始就设立这样一个环节,让顾客的信息都能存档,方便日后顾客再次登门购买时进行询问,而此举让顾客觉得这家店是如此地重视自己。若没有相关顾客信息的记录,当顾客上门购买鲜花时,该顾客最讨厌的花色,店主却将它作为主色调推荐给顾客,如此顾客能满意吗?所以说建立好顾客的档案,对店铺的长久经营绝对是有利无害的。

那么具体该如何去做呢?有以下几个步骤:

(1)销售过程中,要注意了解

销售过程,不仅仅是店员推销商品的过程,而且也是店员了解顾客的过程。因为在推销的过程中,顾客的喜好就会表现出来。比如说在颜色的选择上、款式的选择上、功用的选择上……顾客都会有所表示。当然,店员如果能够对这些信息进行了解,对于建立顾客的档案来说是非常有用的。

(2)销售完成,做好记录

销售完成之后,并不等于事情已经完结。对于建立顾客档案来说这才刚刚开始。即当与顾客的第一笔买卖做成时,就应该做好该顾客的相关信息记录,作为一个稳定顾客来发展,这时的信息记录可以是最基本的信息。有的顾客会很反感自己的信息被陌生人记录,此时,店员就应该说明情况,消除顾客的顾虑,这样顾客才会放心地透露信息。店员切忌以强硬的态度要求顾客提供个人信息。

(3) 不断补充、不断完善

当接触顾客的时间长了，顾客的戒心就没有一开始那样强烈了，此时，店员就可以巧妙地与之进行对话，询问顾客与店铺商品有关的其他相关信息。因为与顾客已经熟悉到了一定的程度，因而更深入的话题探讨也就不会引起顾客的反感甚至是讨厌。将不断询问来的信息补充进顾客的基本信息里，力求建立一个完善的顾客档案。

(4) 实践，利用档案信息促成销售

当顾客档案千辛万苦地建立好后，如果只是将它束之高阁就失去了当初建立的意义，只有充分利用才能显示出它的价值来。在平时与顾客交流时，就可以利用顾客档案里记录的信息，表现出对该顾客的用心，让顾客感受到该店对他的尊重，在这种情感的诱发下刺激消费。

招呼顾客，但别吓跑顾客

①什么样的招呼会吓跑顾客？

②如何发挥店铺人员的迎客魅力？

③如何招呼才能抓住顾客的心？

④如何改正店员吓跑顾客的情况？

当我们进入一个店铺的时候，店铺人员往往都会出来迎接我们，和我们打招呼。他们这样做的目的就是留住我们，促成销售。但是在很多店铺当中，店铺人员的招呼不但没有留住顾客，相反却吓跑顾客。

为什么会出现这种情况呢？很简单，这些店铺人员的招呼打得不好，甚至可以说相当不好。顾客进入店铺原本是想要买东西的，但是店铺人员的三言两语就出现了 "打发顾客" 之意，使得顾客不得不走掉。

某服装店位于闹市区的一个黄金地段，而且无论是店面面积还是店面装潢在这条商业街上都是首屈一指的，最重要的是当初招聘来的导购人员都是有过几年导购经验的 "老人"，按理说这个店面占据着天时地利人和诸多有利因素，每月的销售量就算在整条商业街的服装行业里不是冠军也应该三甲有名的，可事实却远非如此。每天进店的顾客是很多，有时甚至用人山人海来形容也不为过，可那么多顾客却总是转一圈就出店门，手上没有一点该店的商品。

为了改变这一尴尬的局面，该店新任店长打算彻查销量一直上不去的原因。于是他在距离自己的店不远处等着出来的顾客，看见有人出来就立刻问：那家店就没您看上的衣服吗？一位女士回答说：东西是不错了，只是一进去一听那些导购的话就没心情买了。

几番询问之下还是问不出所以然，该店长只能亲自出马。他刚进店内，就听见导购小姐满脸笑容且急不可待地说："先生，欢迎光临，请随便看看。" 店长刚一伸手就听见导购说："这是我们店刚到的新款……价格上比较贵一点。" 店长转身走向另一边，身后的导购一步不落地从旁跟着，只要一见店长伸手，就立刻介绍该款服装，并且都把价格告诉店长。当然，在介绍价格的时候，口气当中明显有一种 "嫌贫爱富" 的感觉。走到这儿，店长终于知道为什么进店内的顾客多，买的却不多的原因：这些店员根本就不懂得如何去招呼顾客。

第二天，新官上任三把火，他首先开始培训该店店员在日常销售中的言行。经过这一次小小的培训之后，该店销量果然有明显的好转。

　　如何在打招呼的过程当中留住顾客、让顾客感觉到舒服是店员必须要掌握的一个技巧。当然，对于店长来说，更是如此。遗憾的是，很多人都不曾注意这一点。顾客进门选购就是想找到与众不同并称心如意的货品，但例子中的店员在顾客一进门时就说了句"请随便看看"，这句话不足以显示该店与众不同之处，难以抓住顾客的猎奇心理。

　　此外，在顾客观看或选择的过程中，店员切忌在旁亦步亦趋，一则这种行为会让顾客觉得该店的东西是摸不得的，二则这么紧紧跟随会让顾客感觉这是在监督，从而觉得自尊受到损害。如果店员能充分发挥其"导购"的魅力，还是很有"利"可图的。那么应该如何引导店员在具体的日常售卖中，尽可能抓住顾客的心呢？

　　(1) 热情主动，业务熟练

　　顾客进店时，店员要起立目视、主动招呼、笑脸相迎，顾客离柜时要说欢迎再来，不能失礼，切忌冷淡。同时，店员对店铺所售商品的尺寸大小、质地优劣都能脱口而出、滚瓜烂熟。

　　(2) 用请求型的语句代替命令型的语句

　　如有时导购小姐会直接用"到这边看一下"、"试一下"这种命令型的语句来与顾客对话，这会在不知不觉中伤害了顾客，让他们觉得本该享受服务的，实则却是在受气，因此可以换成请求型的语句，如"请（麻烦）您到这边看一下"、"请（麻烦）您到试衣间去试一下"。

　　(3) 礼貌用语，用婉言拒绝打折或还价时的请求

　　一般的店铺都会遭遇顾客要求打折的要求，若店员在顾客刚提出还价或打折的要求时，就直接以"我们的商品不打折"、"本店谢绝还价"或"那款我们还没有到货"这种拒绝型的语句回答，将顾客的要求拒之门外，容易给

顾客心理上造成一种没得商量的强势气场，这种强硬的服务态度久而久之就将原本兴致勃勃来购物的顾客逐渐摒弃在店门外。而若是使用 "真是对不起，我们的商品是正厂出品，明码标价的，但商品质量绝对有保障"、"很抱歉，您看中的这款今年很流行，不过我们可以想办法帮您订货的" 这类语句，则会让顾客感觉自己十分受尊重。

（4）不随便帮顾客下断语，让顾客充分享受购物的乐趣

当顾客喜欢某一款商品，可有时又拿不定主意时，就会请教在身旁的店员，其实顾客随便买哪款，对于店员而言都是一样的，但顾客就不一样了，若在导购的主意下选了某款商品，回家一试结果发现效果没有想象中的那么好，那时很有可能会在心里埋怨店员，从而让他在心里记恨并从此不再登门该店。既然这样，店员就没必要帮顾客下断语，所以切忌 "这款很适合您，我看您就选择这款吧" 之类的语句，应说 "这款在你身上显得特别有气质，而另一款则显得皮肤白皙特别漂亮，看你想要什么样的效果了"，这样把选择权放回顾客的手里，到时有问题也是顾客自己的责任了。

（5）预知顾客反应

店员在与顾客进行销售谈话时，要预测顾客的反应。顾客的年龄、性别、职业、文化程度不同，对同样的销售谈话反应不同，店员要区分对象，采用不同的接待方法。不分对象、不管顾客反应如何，一股劲地进行销售谈话，反而会弄巧成拙。

（6）注重礼仪修养

仪表是无声的宣传，仪容是最好的广告。举止大方、衣冠整洁、以诚待客、知理知趣，是良好店风店貌的象征。店铺业务是项礼遇性很高的工作，这就要求店员必须注重礼仪修养，在服务顾客时要谦虚温和、友好坦率、动作协调、语言轻缓、细心礼貌。

通过介绍，引发购买动机

①商品介绍有哪几种方法？

②商品介绍和广告之间有什么联系？

③店员介绍商品时有哪些方法？

④如何根据顾客心理来介绍商品？

如何巧妙地介绍自己店铺的商品，挑起顾客购买、接受服务的欲望？这个问题确实难倒了很多店铺人员，包括很多店长在内，也没有找到合适的方法。也正因为如此，很多店铺的生意并不是很好。

那么商品介绍有哪几种方法呢？总的来说有两种：

第一，店员介绍。即顾客在进入店铺的时候，店员给予现场的介绍；

第二，宣传介绍。即在宣传产品、服务的时候顺便介绍商品。

只要这两种方法当中有一种适用，就可以通过巧妙地介绍自己的商品、服务，达到扩大销售的目的。

重庆一位姓秦的女士在某小区附近开了一家火锅店，刚开始的时候生意还不错。可是这种局面并没有维持多久，就被两家大酒店给打破了。在秦女士火锅店的左边，开了一家"重庆酒家"，右边则开了一家"重庆风味火锅"的酒店，偏偏将秦女士的火锅店夹在中间，似乎要和秦女士过不去似的，两家酒店从重庆特色菜到重庆火锅全都有了。至此，秦女士的火锅店承受着

"地不利"、"人不和"的双重挑战。

秦女士深知: 和这两个对手进行竞争, 无疑是鸡蛋碰石头, 无论是从规模上还是从实际的实力上进行对比, 她与两者之间的差距实在是太悬殊。周围的人都劝秦女士放弃算了, 另外寻找一个地点重新开始。可是秦女士却不这样想, 她觉得在这里还是可以有所作为的。

首先, 秦女士给自己的饭馆取了一个非常有意思的名字——"隔壁好"火锅店。并且, 秦女士还给自己的餐馆贴了一副对联, 这副对联同样有着非常绝妙的创意: 上联是"缺山珍海味唯独便宜", 下联是"无名师非正宗图个方便", 当然, 横批就是"隔壁好"。这副看似"家丑外扬"的对联却赢得了顾客的心。

很多顾客首先被这个店名所吸引, 并且发现秦女士说的是实话, 和两家大酒店相比, 秦女士的店铺确实不如别人, 因此"隔壁好"的店铺名称非常实在; 更让顾客觉得实在的是那副对联, 便宜和方便是顾客选择餐馆的主要标准之一, 如果没有特殊的要求, 绝大部分顾客都愿意选择"便宜、方便"的餐馆进行就餐, 虽然在这里没有山珍海味, 没有名师高厨, 但是这种自暴缺点的促销方式却让顾客感觉到了实在, 因此, 秦女士的店铺不仅没有被两家大酒店挤垮, 反而生意变得兴隆了许多。

很显然, 事例中的秦女士用一副对联的形式对自己的火锅店进行了巧妙的介绍, 从而引得了顾客的青睐。财富自然也滚滚而来。

当然, 在商品销售的过程当中, 最主要的还是店员现场的介绍。那么在这种介绍的过程当中, 可以采用什么样的办法呢? 以下几点, 不妨看一下:

(1) 根据不同商品的特点来介绍

商品按购买方式的不同, 可分为日用商品、选购商品和特殊商品。日用商品的特点是价格低、消耗快, 不需挑选。人们对商标、厂家没有过多要求, 只图方便、实惠，通常就近购买，属于习惯性购买。对这类商品店员不必详细介绍，而应迅速取货算账，并最好记住顾客常来购买的东西，这样，顾客一进门，就招呼说："您来了，还是买斤酱油吗？"这会使顾客心里感到热乎乎的。

选购商品一般价格比较高，顾客对其价格、质量和样式较重视，但常常凭感觉、气氛购买。有的顾客比较容易听从别人的劝告，对商品稍加介绍就决心购买；有的顾客有从众心理，看到大家买，也就跟着买。这时要抓住顾客的瞬间心理，投其所好，在对商品价格、质量、式样或行情的介绍上做文章。

特殊商品是一些为了满足顾客的某些特殊偏爱的高档商品。顾客对商标、厂家和商品的使用性能有较多的知识，在购买前一般都有预定的计划，属计划性购买。这时介绍要细致，尤其要能抓住商品的某个突出特点；服务要周到，不管顾客买还是不买都要热情耐心地介绍，这样才能为顾客以后再买打下基础。

(2) 针对顾客的固有心理来介绍

成功的店员往往善于区别对待各种类型的顾客。固有心理是由人们的年龄、性别、职业、阶层、民族等诸要素的影响所形成的较为稳定的心理特征。不同的顾客，有不同的固有心理，如年轻人的好奇心理、老年人的恋旧心理、女性重价钱、男性重质量……这些心理都可以左右顾客决定买与不买。如果话说得好，就能使本来就想买的顾客坚定其信心，使本来还犹豫的顾客做出买的决定；如果话说得不好，就会产生相反的结果。如，向年轻人卖衣服，就应该突出其款式新颖，说"这是今年才流行的最新式样"之类的话；对老年人，则应介绍其质地坚固、做工精细，说："这是名牌产品，老字号，十多年来一直非常畅销。"

(3) 抓住顾客的瞬时心理来介绍

店员扮演着资讯传达者的角色，就像一个导体一样，串联着店铺业务和终端使用者。人们不但会因为年龄、职业、阶层、民族等因素而形成固定的心理品性,而且会因具体的时、空、人、事等因素产生瞬间心理,它也会导致顾客突然改变购物决定,店员说话必须抓住这种心理,方法有以下几种:

提醒顾客注意某个时间、某件事情,如:"您看,这是一种智力玩具,今天是儿童节,给孩子买一件作为节日礼物吧!"

对外地的顾客说:"这是我们这里的特产,远近闻名。您来一趟不容易,带点儿回去吧。"

分析顾客的特点,比如对某个高个子的顾客说:"您这么高大的身材,穿这件衣服正合适,使您看上去更威武、更帅气了。"

鼓动顾客的购物积极性。如某件商品有很多人买,旁边的顾客也会产生兴趣。这时销售员不妨抓住这种心理,吆喝几句:"快来呀,快来呀,晚了就没了。"把周围的顾客吸引过来。这种方法对女顾客特别奏效。

针对不同顾客,用不同的说服方式

①为什么要对顾客进行说服?

②解说型的说服方式为何不行?

③察言观色和说服之间有什么联系?

④面对不同的顾客,应该如何进行巧妙的说服呢?

如何说服顾客下定决心购买商品?

看到这个问题,或许你的心中也没有明确的答案。当然,你可能会说,对于顾客,只要将商品的性能、功用、优势统统讲给顾客听,就能帮助顾客下定决心购买了。其实，这只不过是一厢情愿的行为。这种"解说型"的说服方式根本就没有说服力，即便顾客听了也无法下定决心购买。毕竟，现在店铺之间的竞争如此激烈，没有一定的说服技巧，是很难获得成功的。

古先生开了一家小超市，短短两年的时间，已经从当年的小超市变成现在的大超市了。并且同行还发现一个奇怪的问题：古先生的店铺几乎没有存货，也就是说只要进货了，就一定能卖掉，这是为什么呢？

其实很简单：古先生所持的经营理念就是"平价"、"诚信"，绝对不欺骗顾客。只不过他的这种诚信以一种非常奇怪的方式表达出来：当顾客到这个超市购买商品的时候，古先生都会非常善意地劝说顾客要进行货比三家，不要吃亏上当。后来为了能让更多的顾客货比三家，古先生干脆在店铺门口立了一个告示牌：在您进入本店铺购物之前，请您货比三家，以免吃亏上当。

有好几次顾客听从了古先生的劝告，到周围的超市进行了价格比对，可是到最后这些顾客却又都回到了古先生的店铺，因为他们发现，同样的商品在周围的店铺，价格都比古先生这里的高，并且有些商品高得还不止一点，而是很多。

经过这几次的价格对比，顾客立刻就认准了古先生的小超市，以后凡是能在小超市里买到的东西，大家绝对不去其他地方购买，因为他们觉得这里实在，有安全感。

并且，古先生在发现自己店铺某种商品出现库存的时候，就会主动降价，并且在门口贴出这些商品的当下价格，到期时间。另外还有一句非常贴心的话：本店以下商品即将到期，现进行降价销售。如果您在短期内能用到这些商品，敬请购买；如果不能，就不要购买，以免给您造成损失。就是这些贴心的话，让古先生的店铺生意红火。

久而久之,经过人们的口碑相传,越来越多的人涌向了古先生的小超市。

很显然,事例中古先生的说服方法可谓"非常独到",他通过让顾客"货比三家"的方式来巧妙地让顾客下定决心购买自己的商品。自然,前提条件是他店铺的商品确实比其他店铺物美价廉,这样的说服才能有效。

成功的店主或店员一定要会察言观色。比如,走路、讲话速度很快的顾客通常都是急性子,那么你就要配合他,动作也要快!此类追求"快"感的顾客有一个好处,就是不太计较商品价格,购物干净利落,不拖泥带水。而慢性子的顾客不但走路、讲话的速度较慢,还不时地欣赏一下店内的摆设与装潢,所以你也急不得!尤其是你若开间提供服务的店(如美容、美发店等),即使手艺高超,碰到慢性子的顾客也要让顾客觉得你慢工出细活,他才会满意。

面对形形色色、脾气秉性更不相同的顾客,应该如何进行巧妙的说服呢?我们进行了如下的总结:

(1)硬装内行的顾客

此类顾客认为,他对商品的知识比店员精通得多。他会说:"我很了解你们开店的事"或"我常常参与店铺的经营"等话。他也可能会说一些令店员不愉快的事。

此类顾客,会继续硬装内行至某种程度,有意操纵商品的介绍。他们常说:"我知道"、"我了解"之类的话。他们不希望店员占优势或强制他,也不希望自己在周围人面前显出比别人逊色。虽然如此,却知道自己很难对抗优秀的店员。因此,建立"我知道"的逞强的防御以便保护自己。

店员应该避免被他们认为你是"几乎没有受过关于商品的教育的愚蠢家伙"。如果顾客开始说明商品则不必阻止他,让他随心所欲。当然,不可以只这样。店员应该表现出有意从他的话中学些什么,或点头表示同意,捧捧顾客。顾客会得意地继续说明，但可能有时会不知所措。此时，你应该说："不错。你对于这个商品的优点都清楚了。那么，打算买多少?"

顾客既然为了向周围的人表示自己了不起而自己说明了商品，因此会因不知如何回答店员的问题而慌张。最后，他可能会开始否认自己刚才说明的事。这时候，正是店员开始推销的时机。

(2) 装大款型的顾客

此类顾客渴望说明自己很有钱，且过去有了许多成就。不过现实情况可能是满身债务。表面上看起来过着豪华生活，事实上每天都因为被索债而睡不着。对于这类顾客，应该附和他，表示关心他或他的资产。不妨极力称赞，打听其成功的秘诀。表示尊敬他，有意成为朋友。然后到了签约时间他，需要多少天就能调拨采购商品用的一部分资金。如果这样做，则他能有筹措资金的时间，顾全了他的面子。

店员千万不要逼问："你是不是手边没有钱?"即使知道他手边没有钱，店员也绝不可以在态度上表现出来。

(3) 冷淡型的顾客

采取自己买不买都无所谓的态度，看起来完全不介意商品的优异与否或喜欢与否。其表情与其说不关心店员，不如说不耐烦、很不容易亲近。

此类顾客分成两种，一种喜欢宁静，另一种喜欢热闹。他们喜欢在有利于自己的时候，以自己的想法做事。虽然表面什么都不在乎似的行动，事实上对于很细微的事都很注意。他们搜集各种情报，冷静地考虑每一件事。所以不喜欢店员对他们施加压力或推销，喜欢自己实际调查商品，讨厌听店员介绍商品。

对于此类顾客，普通的商品介绍法不能奏效，必须设法使他情不自禁地想买商品。因此，店员必须激起顾客的好奇心，使他对商品发生兴趣。然后，顾客就乐意倾听关于商品的介绍。店员也就可以展开最后的攻势。

（4）只看不买的顾客

此类顾客，一见到店员就说："我已经决定今天什么也不买"、"我只是看一看，今天什么也不想买"，绝不给店员开口说话的机会。在进入店铺以前，他早就准备了问什么及怎么回答。他会轻松地与店员谈话。因为，他认为自己已经完成了心理上的准备。他们可能是所有顾客当中最容易推销的对象。

他们虽然采取否定的态度，却在内心很明白若此种否定的态度一旦崩溃了便不知所措。他们对于推销的抵抗力很弱，至多可以做到在介绍商品的前半阶段干脆对店员说"不了"的程度，在被店员激起购买欲望以后则任由店员摆布。

不必在意他们最初说的话。因为那不是他们的真心话，故充耳不闻即可。你只要充满热情，亲切地以通常的方式推销就可以。

他们对于条件好的交易不会抵抗。因此，只要在价格上给予优惠，就可以成交。他们最初采取否定的态度，犹如在表示："如果你提出好的条件，就会引起我的购买欲。"

（5）好奇心强的顾客

此类顾客没有关于购物的任何障碍。只要时间许可，他们愿意听商品的介绍。那时候，他们态度谦恭而有礼貌。一旦你开始说明了，他们就积极发问。而且，提问很恰当。

此类顾客，只要喜欢所看到的商品，并激起了购买欲，则随时可能成交。他们是因一时冲动而购买的典型，只要有了动机就毫不犹豫地买。他们喜欢买东西，只要对店员、店铺、气氛以及商品有了好感，就一定买。

为满足其好奇心而作富有生气的商品介绍，使顾客兴奋后，跟着你的推销思路走。你不妨说："现在正是盘点的时期，故能以特别便宜的价格出售。"对于此类顾客，必须让他们觉得：这正是难得的机会。此时，推销是很容易成功的。

忍住顾客的挑剔，留住顾客的心

①为什么说"嫌货人才是买货人"？

②对顾客挑剔行为的处理，为什么如此重要？

③店员在耐心忍受挑剔的时候，还要注意哪些方面？

④如何快速消除顾客的不良情绪？

人们常说，要想开好店，先得会受气。这意味着在店铺经营的过程当中，店员经常会受到顾客的挑剔，受气是在所难免的。那么在受气的时候，店员们该如何做呢？是对着顾客发脾气，还是耐心把顾客伺候好呢？聪明的店员会选择后者。因为这是一个店铺生存下去的必要条件。

更何况，我们常说"嫌货人才是买货人"，原因很简单：如果顾客不愿意进你的店铺来消费，那么也就不会有嫌弃的行为了。从这个角度来说，嫌弃，是成交的前奏。

"老家好"餐厅的袁晓曦迎来了几位顾客，在袁晓曦将他们迎入大厅的时候，顾客告诉袁晓曦他们需要一间包厢。由于当时包厢已经客满，袁晓曦就只能安排他们在幽雅的窗户边就座，但顾客对此还是不怎么满意，其中一个顾客一直在嘟嘟囔囔，发泄自己的不满。

落座后，袁晓曦热情地问他们需要什么茶水，其中一个答应了一声"随便"之后，便自顾自地聊天了。等袁晓曦泡上上好的绿茶端上后，他一看说："不要绿茶,给我们重新泡乌龙茶吧。"无奈之下,袁晓曦只得重新去泡乌龙茶。

好不容易把茶水搞定了,袁晓曦接着递上菜单,等顾客点完菜刚送进厨房,一位顾客又说:"刚才有一个菜不要了,你们菜单上的品种好像太少了,给我们烧一个这样的菜。"随即这位顾客给了袁晓曦一个菜单。袁晓曦一看,竟是菜单上没有的,但为了让顾客能满意,袁晓曦立刻进厨房跟厨师商量,虽然很麻烦,但厨师还是一口答应下来。等那道菜端上桌后,顾客的脸上开始有了笑容。临走时,袁晓曦还对他们连连说"对不起",而他们也连连道歉说:"是我们太为难你们了,谁知你们还是那么耐心。"

后来,袁晓曦发现,这几个顾客成了店铺的老顾客,每次来吃饭都点名要袁晓曦服务。

由于客满,顾客进店消费却不能在自己想要的位置上就餐,这在一开始就已经让顾客心里有了不舒服的疙瘩,为接下去顾客提出的一系列挑剔的要求埋下了伏笔,但聪明的袁晓曦却在一开始也已经意识到了,不管顾客提出什么样挑剔的要求,都以极大的耐心和更周到热情的服务态度消除了顾客的怨气。

或许很多店员觉得自己没有必要耐心面对顾客的挑剔,毕竟店员是服务人员,而不是顾客的奴仆。其实这种想法是非常错误的,顾客是上帝,如果你没有耐心忍受顾客的挑剔,对于店铺内的产品或者服务,顾客不埋单,店铺如何生存?同样的道理,店铺如果生存不下去,店员又如何生存?"皮之不存,毛将焉附"的道理,想必大家都知道。

所以说,面对顾客的挑剔一定要谨慎地对待:处理得好,顾客不仅对服务员刮目相看,更对店铺有这样的店员竖起大拇指;若处理得不好,顾客满心憋屈,自此不再登店门。遇到这样的顾客时,我们可以从以下三点进行解决:

（1）摆正态度，不能"硬碰硬"

很多店员总觉得自己没有必要忍受顾客的挑剔，所以在顾客出现挑剔行为的时候，情绪反应非常激烈。这样做，明显是不对的。在态度上，遇到挑剔的顾客不能硬对硬，要做到言听计从，若一开始是自己店铺的原因而引起顾客的挑剔，那就需要以比平时更努力的服务态度回应顾客。就如上例中的服务员袁晓曦，明确意识到是自己的原因让顾客心有不满，所以对顾客提出的任何要求都无怨言地满足，最后不仅让顾客对店铺的服务十分满意，还让顾客由衷地表扬该店服务态度好。

（2）换服务员，改变顾客的印象

在店铺经营的过程中，有的顾客就算服务员再怎么补偿服务、再怎么忍受挑剔，他们也还是会不依不饶的，遇到这种情况就可以选择换服务员处理。因为顾客挑剔，已经对这一个服务员有先入为主的不好印象了，言语中只要涉及这个服务员的都不会留情，要是换一个有能力职位高一点的主管来处理，会让顾客感觉自己很有面子，而让挑剔引起的事件得到有效处理。

（3）巧妙"冷处理"顾客的挑剔

冷处理，并不是不处理，而是不让顾客的挑剔影响到店铺的日常经营。那么该如何冷处理呢？最好的做法就是换个说话的场地，而不是让顾客在大厅中大吵大闹。从店主的角度考虑，变换场地对店铺的形象能起到一定的保护作用。若顾客挑剔得让服务员受不了，一句话没注意就挑起了顾客的怒火，这时顾客不会考虑到这是你的店铺，应该维护，反而会更加大声吵闹，恨不得让店中的其他顾客都能知道这家店的卑劣之处。因此，为了避免这种事情的发生，应该在顾客的怒气还未完全爆发前，带顾客到一个清静、不影响店铺日常经营的地方，这对冷静顾客的情绪、维护店铺的形象都有好处。

如何处理库存
商品管理能力的培养

　　店铺要想盈利，不仅商品要卖得好，而且货物要盘点好，才不至于出现大量的库存堆积。一个店长是否优秀，也可以从库存管理当中看出来。因此，要想成长为一个好店长，这种商品管理的能力是不可欠缺的。

从细节入手，控制进货成本

①哪些细节影响进货成本？

②了解进货渠道的重要性是什么？

③成本控制有哪些内容？

④如何通过细节控制进货成本？

店铺要想盈利，必须遵循一个原则：低进高出。只有这样，才能获得剪刀差当中的利润。即便是实行薄利多销的策略，也必须有足够的剪刀差才行。这就意味着要想盈利多，那么剪刀差是必须存在的，而且是越大越好。

那么如何让剪刀差保持最大呢？提高销售价格是很困难的，因为每一个店铺的竞争压力都是很大的。你在提高价格的同时就会丧失顾客。那么既然如此，唯一的办法就是控制进货成本，降低进货的价格。

向小敏属于大学生创业一族，自从学校毕业后就自己开了一家冷饮店，专门做学生的生意。她从进货到最后的售卖都是自己一手操持，一直都觉得很顺利没什么难的，她对自己冷饮店的未来充满了憧憬，计划着等赚钱了就扩大自己的店面，或者是再开一家分店。但是，很快她的美梦就被打破了。

由于店内就她一个人，所以平时她也没怎么注意管理自己小店的账务，只是到了月末的时候，才统一进行盘算。很快又到了月底，她翻看了这个月的账簿，心情一下子就跌到了谷底：这一个月竟然没有利润，甚至还有一点点的负账。向小敏心里很纳闷：店里的生意明明挺好的，自己每天都忙得不可开交，可怎么会没有利润呢？

百思不得其解的她请教了开店已有好几年的朋友，为什么会出现这样的情况，自己觉得就算利润不多但好歹也应该有点吧？朋友询问了她经营的几个关键点后得出结论说，她的进货成本高了。比如说别人在每次进货的时候，都会要一些免费的海报、赠品、试用品等，而向小敏却没有这么做，在需要的时候还会自己拿钱去贴补。这样一来，利润也就丧失了20%左右。

另外，在运输的过程当中，别人在达到一定数量的时候都会让商家送货，而向小敏则不管要多少货，都会选择自己去拉货。这样一来，虽然不至于把商品弄坏，但是成本也高了很多，一下子让向小敏丧失了50%的利润。

当然，这些进货的细节还有很多很多，比如向小敏不懂得货比三家、不懂得在促销的时候囤货等，使得向小敏的利润基本上无存。

虽然生意还可以，定价跟别人一样，但别人就算是营业额不如你，到了月底光是成本上的节余就够你忙的了。向小敏听朋友这么一说，才知道自己之前觉得开店容易的断言太早了。

从上面的事例中，我们可以看出降低进货成本的重要性。即便你的销售情况如何地好、如何地薄利多销，如果进货成本控制不下来，那么你的利润也是非常有限的。就像事例中的向小敏一样，自我感觉销售情况良好，但由于进货成本相对于同行较高，因此即便日营业额再高，但是到月底进行账目盘算的时候，还是会发现没有可观的利润。

那么应该从哪些细节入手以控制店铺商品的进货成本呢？

（1）了解自己的进货渠道

一般来讲，因为是刚涉及零售行业或是对进货渠道还没有一个深入的了解，所以在进货成本上的投入资金会比较高。其实，无论是大的连锁店铺，还是小的门面店铺，要想降低进货成本，都必须对自己的进货渠道有一个深入的了解。这不仅仅是为了防骗、防上当，而且是为了控制进货成本，保住店铺的利润。

(2) 多方核价、货比三家

即店主要学会核价，不管销售哪一种商品，在还没进货前应全方位地熟悉其价格组成，想方设法知道供应商的原料价格，这么做可以为自己跟供应商谈判进货价格打下基础。谈判时，若能知己知彼，对于降低进货价格是有利的。

(3) 选择合适的供货商

一个好的供货商能为你的店铺发展提供很多帮助，为了他自身的商品销售也会尽心尽力地帮你出谋划策，节约投资成本，保证供货畅通无阻；而不适合的供货商，则会让你在跟他的相互合作中遇到很多麻烦，由此影响你的销售进度也是常事。

选择信誉佳的供应商并与其签订长期合同。与诚实、讲信誉的供应商合作不仅能保证供货的质量、及时交货，还可得到其付款方式及价格的关照，特别是与其签订长期的合同，往往能得到更多的优惠。

(4) 选择恰当的进货方式

大家都知道，批量进货的好处，即批量愈大，单位内所摊销的费用就愈低。但不是说所有店铺都合适批量进货，有的店铺规模不是很大，或是商品知名度还不是很高，建议还是适量地进货，为了贪图摊销费用的便宜而将商品大量积存，这是零售店铺资金周转的致命伤。如果需要大批量采购，则可选择直接向厂家购买的方式，这样就可以节约因为中间商的加入而出来的差价费。

(5) 掌握最新、最准确的信息

准确的信息是进货的基础。所以店铺老板在进货前应进行市场调查，以获取准确的市场信息，避免商品积压和脱销现象。通常可以通过以下调查方法来获取市场的信息。

可选择一批有代表性的顾客，作为长期联系对象。

进行商品展销，作为指导消费的一种手段，商品展销应走在季节前面。展销中商品销售数量的多少，是确定进货量大小的依据。经营者也可有意识地组织顾客投票评选，按评选名次组织进货。

制作工作手册，服务员、采购员和有关业务人员，每天和大量的顾客接触，应有意识地把顾客对商品的意见记录下来，然后把这些意见进行系统整理，反馈给采购员。

建立缺货登记簿，即对顾客需要而本商场（超市）没有的商品进行登记，并以此作为进货的依据之一。

设立顾客意见簿，店铺经营者应勤于检查顾客意见簿，发现和抓住一些倾向性的问题，及时改进。

(6) 通过付款条款的选择降低采购成本

如果店铺资金充裕，可采用现金交易或货到付款的方式，这样往往能带来较大的价格折扣。

(7) 把握价格变动的时机

价格会经常随着季节、市场供求情况而变动，因此，采购人员应注意价格变动的规律，把握好采购时机。

总而言之，零售行业的进货问题是最关键的，"货比三家"是很有价值的一句话。当你对所要从事的行业一无所知时，不妨利用身边一切可以利用的关系，多比较多查探，不断积累相关商品的信息，再根据自己的情况从中择优进货，在进货一开始就把好价格关，即使是便宜一分钱，这对节约投入成本、规避资金风险都将有很大的帮助。

顺应时势，不断引进新商品

①新商品对于店铺来说意味着什么？

②如何选择适合自己店铺的新商品？

③如何才能不断引进新商品？

④守住旧产品是否也有风险？

对于一个店铺来说，如何能长时间地存活下去？如何才能长时间地吸引顾客来光顾？除了懂得让利之外，还有一个非常重要的途径：不断引进新商品。让顾客对自己的店铺保持新鲜感、吸引力。

不断引进新商品，实则也是一个不断寻求创新的过程。店铺的商品不能总是固定在一个模式里，应该在保持原有商品规模的基础上，不断引进新商品，拓宽旧有商品的路子，这样才会给店铺带来无尽的机会。若一个店铺为了保险不亏本，在已经有销路的基础上只死守老商品，不仅顾客觉得该店不懂得与时俱进，而且时间长了，顾客还会对店铺失去新鲜感。

毓秀街上有一家专营烟酒的店铺很有些名气，不是因为该店开业的时间有多长，而是因为很多爱好品酒的顾客就喜欢上这家店，原因在于该店的店主对好酒也很钟情，只要去供货商那里，看到有新鲜的美酒品种，就一定会极力引进，自己品尝过后就极力向那些既好一口美酒又是朋友的顾客推荐，而顾客也十分相信店主的眼光，对于店主推荐的新品都很欢迎。

久而久之，有些顾客每每有购买需求就不由自主地上他那店里购买。这家店不仅老商品值得信任，而且时不时推出新商品，让顾客觉得很有新鲜感，不像别的店铺那样，常年就那几个品种，自己早喝腻了。

不仅如此，店主还从别人那里学来了调酒技术，所以在他的店铺里，时不时有新鲜出炉的调酒出售，这样一来，店铺的顾客也就越来越多了。

事例中的店主就很聪明，基于自己也爱美酒，他四处搜罗有销售前景且还未在市场上大量出现的美酒，一则满足顾客追求新鲜的需求，二则尽可能多地为自己的店铺打开销售市场，力争占据更多的市场份额。更重要的是，他懂得了调酒的技术，所以不断地调制出各种口味的美酒。对于顾客来说，这就是商品，这就是吸引力。

当今的销售市场比起几年前，形势要严峻得多。随着商家的日益增多，竞争也就更加激烈。因此，靠销售商品过日子的商家，眼看着单品利润大不如前，唯有抓住引进新商品这根救命稻草来挽留顾客的心。引进新商品需要注意以下几点，不能盲目引进。

（1）考虑是否具备必要条件

新商品的引进不是单方面的，不是说商家乐意引进就可以，新商品对于引进它的店铺也有自己的要求，既能让引进的新商品顺利适应市场又能不断发展扩大。因为每个新商品对其市场操作都有一定的要求，如仓储物流条件是否成熟、资金占用及周转是否方便等，有可能一些新商品，表面上看起来利润较为可观且很适应市场，但往往是店铺看得上它却养不起它，这样的新商品还是不引进为妙。

（2）有计划地引进新商品

新商品对于商家来说，没有好坏之分，只有是否适应本地市场的区别。因此，一定要在事先设定好的店铺商品规划上，有计划地按照店铺销售需求引进新商品。不能一看到很新奇的新商品就立刻引进，特别是面对厂家甜言蜜语的招商攻略，商家一定要保持一颗冷静的头脑。

（3）充分考虑销售情况

商家的利润是建立在销售基础上的，商品的利润再高也必须有一个量来支撑，否则新商品即使给商家很高的利润，若是没有良好的市场前景也是白搭。也就是说，引进新商品的前提是它要有一个基本的销量保证，这个销量保证寄托在商品自身的成熟度、厂家对于该新商品的推广思路以及对于商家地域的适合程度。此外，商家切忌抱着试图培养新商品市场的心态，更不可用自己的钱为厂家的新商品来打头站。这对于商家是绝对没有好处的。

总而言之，引进新商品需要综合考虑许多因素，不能只注意到了新商品的利润就贸然引进，引进之前的评估工作和引进之后的应对策略都需要仔细斟酌。因此，店铺的商品经营不能固守死模式，但也不能只为引进新商品而忽视了其他因素的阻碍作用。

重视独特的商品，塑造店铺的招牌

①什么样的商品是独特的商品？

②如何快速树立店铺的招牌？

③新奇商品对于顾客来说，意味着什么？

④在采购独特商品的时候，要注意哪些问题？

什么叫独特的商品？顾名思义：这个商品非常独特，而且是仅仅自己店铺有，别人店铺没有的商品。我们都知道"人无我有、人有我精"的销售原则，所以说，当你的店铺具备了别的店铺所没有的商品之后，不仅店铺的利润会上升，而且这些独特的商品就会成为店铺的招牌。人们只要一想到这种商品，就会想到你的店铺。

"大头娃"情侣衫专卖店是一家专门经营情侣衫的店铺，该店的主要顾客群体就是年轻一族。刚开始开这个店铺的时候，老板王先生觉得赚钱其实也不难，只要有顾客进入自己的店铺就可以。而事实上，他的想法太简单了。

一个月过去了，销售不容乐观；

两个月过去了，销售不容乐观；

······

半年的时间过去了，销售还是不容乐观。

这到底是什么原因？该怎么办？放弃，还是寻找出路？王先生最终决定寻找出路。当然，要想寻找出路，首先得知道问题出在哪里。于是他就有意识地和顾客聊天，询问他们自己这个店铺的欠缺之处。

在不断地聊天当中，王先生得到了重要的"情报"：自己的店铺缺少的独特之处，没有影响力。为了解决这个问题，王先生决定在采购方面下一番功夫。果然，功夫不负有心人，在他的努力之下，他发现了一种新的产品，几乎没有考虑就把它买了回来。

第二天，店里来了两个年轻顾客，进这店的顾客都是为了选购情侣衫的，店长微笑着过去招呼，在了解了顾客的需求后介绍了几款适合他们的商品，接着着重介绍了刚采购回来的新商品：这个款式的商品特别之处在于，可以把情侣的大头照复印在衣服上，届时两位也可以像明星一样在衣衫上出现了。由于这种方式以前从没听说过，这两个顾客一见就很喜欢，立刻购买。之后几天还带了几个好朋友过来，这独特的商品销路还挺好。

更重要的是，王先生的这个商品已经成了"大头娃"的招牌商品。人们只要一想到买能够印大头贴的情侣衫，就会想到"大头娃"。

适当采购独特的商品是为了多吸引顾客，提高店内商品销量。事例中的商品之所以不用大肆宣传就能有顾客争相上门，原因在于其独特性不用做广告也能自然招徕顾客。新奇的商品能引起顾客的占有欲，更能提高店铺的盈利能力、生存能力。对于一个店铺来说，这无疑是制胜的法宝。

那么在采购这些独特商品的时候，要注意哪些方面的内容呢？

(1) 留意时常消息，发现独特商品

我们都知道，要采购到别的店家没有的商品确实不是一件易事。因而，在采购时就要多注意同行业的市场信息，多了解信息，与各个渠道打好交道。在有独特的商品时，还要适时向顾客推荐，介绍时突出商品的独特性，这样才能在第一时间吸引顾客。

独特的商品采购可以从多方面进行，若是服饰类的店铺就可以从款式方面；若是食品类的店铺，则可以从口味方面进行选择。

(2) 商品必须独一无二

即采购的商品需要具备与其他商品有所不同的特性，只有够特别、够新奇才能起到吸引顾客的效果。事例中的情侣衫若只是图案特别，那就不能吸引顾客又带朋友过来购买，其特别之处在于，可以通过一定的技术手段，让顾客的头像印在情侣衫上，对方穿着印有自己头像的衣衫，有一种特别的情感在其中。这样的设计够独一无二，也刚好迎合了年轻一族追求新鲜潮流的心态。

(3) 商品数量应适当

即这种另类的商品数量，在进货时不宜一次性进太多，根据店铺规模和顾客流量，量力即可。毕竟商品是独特，但还是传统的顾客为大多数，而且顾客虽追求新奇，但真正看到新奇的商品就立刻敢一试的还是少数，为了不至于让独特的商品占据太大的库存空间，采购数量不宜过多。

盘活库存，等于盘活利润

①什么叫库存盘点？

②库存盘点为什么如此重要？

③库存盘点的种类？

④在库存盘点的时候要注意哪些事情？

或许我们都知道每个店铺都会有盘货的日期。所谓盘货，就是对店铺商品的盘点，也就是说，定期或临时性对店铺库存商品进行清查、清点，核对库存账本上的数目与实际库存商品数字是否吻合，以便准确掌握库存数量。如果发现某种商品库存过多，如果不进行促销，可能会过期变质，那么就应该适当促销。如果发现某种商品数量过小，则应该及时进货。

从这个角度来说，库存的盘点是维系店铺日常经营的一个非常重要的程序。如果没有库存盘点，很有可能出现一些商品变质浪费而另一些商品不够卖的情况。

"馨而美"工艺礼品店因店铺库存管理员的突然离职，在库存问题上遇到了一定的麻烦。库存管理员不辞而别，店员对于库存的商品不是很了解，当货架上某款畅销商品缺货时，发现库存里已经没有了，但店员明明看见库存簿上登记着该款商品还有少量库存可以维持日常销售。这么一来，原本答应顾客第二天送货过去就不可能了。发生了这件事后，店长要求全面盘点库存，结果一盘点，发现库存簿上的库存量远远超出了实际的库存量，好多商品的种类已经急需补货。还好现在已经发现了库存不足的问题，若再晚一点就是礼品订购的高峰期了，那到时的经济损失就可想而知了。

由此可见，做好盘点工作是加强店铺管理的重要环节。如上例中，因人员的突然调动没来得及做相关的交接工作，导致商品不能及时供应上，从而给店铺造成了一定的经济损失。及时盘点商品的库存，有助于店铺及时发现工作的各个环节中存在的漏洞，在第一时间里采取相应的措施加以纠正，以减少店铺的损失。

盘点分很多种，下面就简述几种：

（1）日盘点

日盘点是店员下班之前必做的工作内容之一。即每日结束营业时，都要对当日店内各种商品数量及种类进行仔细的盘点，并记入店铺日志里，最后还要签字确认。接班人员在第二天上班时根据日志里的登记数字对店内商品核实无误后，签字确认。如发现商品数量存在问题，应立即与交接人确认，并报请店长，事实表明由于店员疏忽导致的短少货品，则由责任人按现行卖价赔偿。

（2）周盘点

即一周结束要进行周盘点，确认商品数量、库存数量经过一周的销售之后有什么变化，然后再登记在册。根据商品存货情况，做好补货准备工作。同时，还要对一周内商品的销售情况做个总结，对于畅销的商品要注意多点存货，而滞销品则可以适当减少库存。

(3) 月盘点

月盘点的盘点时间为每月的最后一天，由店长组织店员进行统一盘点。盘点后若发现有损失，则由相关责任人赔偿。若是盘点库存中发现有商品或金额多出，在无任何明确理由下，一般多出部分归店铺所有。此外，盘点过程中若是发现残次冷商品应做标签以示注意，并隔离摆放。

那么在盘点库存的时候，要注意哪些方面的问题呢？总的来说有以下几点：

盘点一定要仔细：盘点要仔细是指在库存盘点的时候不仅仅要数清楚仓库当中还有多少货物，而且还要搞清楚这些货物的品种、类型、保质日期等。只有把货物的这些信息都搞清楚了，才能在销售的时候灵活安排、巧妙搭配。

数据一定要准确：这里的数据主要是指上报给店长的库存数据。特别是在填写一些表格的时候，要注意数字后面的单位。比如说你在盘点的时候，发现某种商品只剩下 5 瓶了，但是表格上的单位可能是"件"，而"件"和"瓶"之间的区别是很大的。如果填写不仔细，很可能给店长造成错误的指示。

如何处理，要快下决定：在对货物进行盘点之后，一定要尽快下定决心，对这件商品是进行促销，还是平常的销售，或是进货？对此，自己心里一定要有数，一定要快下决定。否则，时机的丧失对店铺利润的影响是很大的。

及时处理滞销商品，避免更大损失

①对滞销商品的处理，为什么如此重要？

②对滞销商品的处理，传统的让利方法是否有效？

③如何对滞销商品带来的风险进行转嫁？

④什么叫易时销售？

对于店铺来说，即便店长有再好的盘货能力，也会出现滞销产品。因为顾客的口味随时在变，购物欲望也随时在变。所以，一旦店铺进了顾客不喜欢的货物，那么滞销商品也就出现了。尽管这些商品是滞销的，但是店铺也是投入了成本的。如果这些商品销售不出去，不仅成本回不来，利润也会受到影响。所以，对滞销商品的处理直接影响到店铺的盈利以及生存。

有家糕饼店在中秋节之际进了很多品种的月饼，其中一个品牌的月饼不知为什么，就是没有销量，直到中秋节的前几天为止，还是卖出不多。店主老钱心里很犹豫，一边想立即处理这个品牌的月饼，一边觉得中秋节过后还是有很多顾客为贪图便宜而买。他抱着侥幸的心理等着中秋月饼热潮之后的小热潮，可事实让他大失所望，一些知名的品牌顾客都不买账，更别说是一开始就滞销的品牌了。这下他就不理解了，自己这次的决策错了吗？但后悔已经来不及了，供货商当初承诺：若是在中秋三天假期里退还商品可以退一半的款。可是现在，已经过了中秋节这么长时间了，供货商已经不允许退货了。当时未果断下定决心处理滞销商品，现在连一半的货款都退不了了。

对滞销品进行合理的处理，因此带来的投资风险就能巧妙地转嫁。但若是商家犹豫不定，又想赚钱又不想承担风险，这样的心态下很可能导致商家全盘承担损失的结果。就像事例中这家糕饼店的老板一样，犹犹豫豫，以至于不仅"颗粒无收"，而且还造成了利润的损失。或许在很多商家的眼里，处理滞销品采用的都是最传统的让利方法。就如上例中的店主那样，以为顾客会因为降低销售价格而争相购买，结果是就算商品的价格为原先的三成，顾客依然还是不买账，那就不是价格的原因，而是顾客对这一品牌的商品确实不喜欢。因而，处理滞销品一定要坚决果断，该出手时毫不手软，在大利益面前必须选择牺牲小利益。

滞销品的处理直接关系到商家的经济损失问题，是跟店主切身利益密切相关的。如何将损失降到最小呢？可以从转嫁风险的角度进行考虑，积极处理滞销商品。

(1) 促销处理

如果店长发现某种商品确实卖不动，无论价格多低，顾客就是不买，这个时候就应该进行必要的促销了。比如说"买三送一"、"买五送二"等，甚至可以把它当成另一种促销商品的赠品，在带动促销商品销售的时候，也把这些商品处理掉。对于店铺的利润来说，这也是一种方法。

(2) 直接退货

如果某种商品滞销，而且促销也不起作用的话，不妨直接按照和供货商谈好的条件进行退货。虽然这样做可能会导致一些损失，但是小损失总比大损失来得好。

（3）易质销售

有的滞销品因包装损坏或是外观设计过时等缺点而滞销，但这些都是可以经过修复改正的。商家可以对该滞销商品进行升级，改变商品的包装或设计，在保证商品质量不变的情况下，还是可以及时地将滞销品重新销售出去。

（4）易时销售

有的滞销品在其畅销时段过去一段时间后，会在某一个时机突然又重新具有畅销品的特性，原因可能是该商品具有其他商品无法替代的商品特征。对这种滞销品，商家可以采用易时销售的方法，即将这一个时段的滞销品挪到下一个时段去销售，不仅不用降价销售，还能赚得正常的经营利润。

（5）异地销售

即在某一个地方滞销的商品，到另一个地方进行销售就有可能是畅销的商品了。如上例中的店主，他店里的月饼不能以降低价格来吸引顾客的注意，说明不是价格的原因，这时他可以试试异地销售的策略，说不定这个地方的顾客不喜欢这个品牌，另一个地方的顾客会很喜欢。

第 10 堂课

"家长"的作用
------ 日常管理能力的培养 ------

如果把店铺看成一个家庭的话，那么店长就是家长，势必要对店铺进行日常的管理。店铺日常管理得好不好，从一定程度上反映出了店长的能力。所以说，要想成为一名优秀的店长，日常管理能力的培养也是必不可少的。

给店员制定合理的工作目标，杜绝店员懒散

①为什么要给店员制定目标？

②如何给店员制定目标？

③什么样的目标才是合理的？

④如何督促店员完成目标？

人总是有惰性的，在现实生活中如果没有一定的目标和任务来支撑的话，这些惰性就会表现出来，从而影响我们的前途。当然，对于店铺的员工来说，影响的就不仅仅是自己的前途了，还会影响店铺的前途。也正因为如此，店长就应该给店员制定一系列目标、设置一系列的任务让店员去完成，在帮助店员获得成功的同时，也帮助店铺生存和发展下去。

那么该如何给店员制定合理的目标呢？对于店长来说，该如何把店铺的总目标分配到每个店员身上呢？这就需要对目标进行分解了。

1984 年，在东京国际马拉松邀请赛中，日本选手山田本一出人意料地夺得了金牌。当记者采访他是如何夺得冠军时，所有人原以为他会说因为自己多年如一日地辛苦练习，但是他的回答出人意料，他说："我是用智慧夺得冠军的。"众所周知，马拉松是一项考验体力和耐力的运动，怎么能说是用智慧取胜呢？所有人都认为山田本一在故弄玄虚。

两年后，山田本一在意大利国际马拉松邀请赛上再次夺冠。记者同样问

了两年前的问题："您夺得世界冠军的经验是什么？"他的回答一如既往：用智慧战胜对手。所有记者若有所思，却摸不着头脑。

10 年之后，谜底揭晓。山田本一在自传中写道："在每次比赛之前，我都要乘车把比赛需要经过的线路仔细察看一遍，并把沿途特别醒目的标志画下来，例如第一个标志是一座教堂，第二个标志是一家银行，第三个标志是一棵大树，就这样一直画到比赛的终点。比赛开始后，我会以百米的速度奋力地向第一个目标冲去；等到达第一个目标后，我会以同样的速度向第二个目标冲去。虽然比赛的赛程有 40 多公里，但是，我已经把它分解成了几个小目标。当我把每个目标轻松完成以后，我的总目标也就完成了。"

山田本一说得很好：虽然比赛的赛程有 40 多公里，但是，我已经把它分解成了几个小目标。当我把每个目标轻松完成以后，我的总目标也就完成了。这就是目标分解的妙处。俗话说，一口吃不成胖子。任何事情都需要从小到大，慢慢积累，循序渐进，远大的目标也是由一个个小目标组成。只有把远大的目标一步步地分解为更小的切实可行的目标，把目标细化，变成可执行的方案，实现起来才不觉得费劲。

店长的销售工作也是如此，面对望而却步的指标，把这些指标进行分解和落实，那么连起来就是一个良好、复杂的营销系统了，就可以化整为零，轻松完成年度指标。

那么具体该如何做呢？有以下几点：

（1）做好总目标分解

既然是总目标，那么就应该对它进行切分，细化到每个月、每一周，甚至是每一天。

月目标的分解：在制定目标时，首先要参考去年同期的销售情况。根据去年同期每月做了多少，每周做了多少，相应地结合今年的状况做出调整，制定今年的销售目标。比如去年同期店铺有活动，今年没有，去年的活动如果提升了 20%的销售，制定本月目标时就要考虑到这个因素。根据去年的销售额，再加上今年的增幅，就是新的目标。

其次，对于新增的销售额，也要分解到每个月的目标中。比如去年的销售目标是 100 万元，但是今年因为新品上市要做到 130 万，其中的增值是 30%，那么每个月的增值和去年同期相比平均增值也要加 30%。

当然，30%仅仅是平均增值，我们在具体分解目标的时候，也要根据每个月份的具体情况，确定不同的目标，比如说春节期间人们的购买力增强，那么月度销售目标就应该在平均值的基础上增加，达到 50%左右。同样的道理，在一些淡季月份，人们的购买力相对下降，那么月度销售目标就应该在平均值的基础上下降，达到 10%左右。

周目标的分解：在制定周目标的时候，也要做到两点：

首先，根据每日客流量的不同，分别分配每日的销售目标，就是这一周每天分别卖了多少。一般周一至周四较周五、周六、周日的销售量要少，如周一至周四各占销售额的 12%，周五占 16%，而周六和周日各占 18%，合计是 100%。那么，每日的目标就不同。

另外，将该月销售目标四等份，该月内每周各占一份，每个等份都按上述的比例进行分配，参考节日大型推广活动的数据，将数据调整到满意为止。分的时候一定要按照周一到周四，周五至周日分成这样几个等份，每周定一个目标。

在没有特殊情况下，每个月的前两周目标一定高于第三周和第四周，因为按照顾客的购买习惯，月初的购买力总是大于月末的购买力。

日目标的分解：要想完成店铺的销售目标，除了每月、每一周要制定相应的目标之外，还要制定每天的目标。并且还要对每天的目标进行时段性的分解。这部分工作主要按以下两个步骤进行：

首先，一般按照营业时间 9 点至 22 点分为四个时段，而 9 点至 18 点可分为三个时段。

其次，分析每个时段客流的特点，参考过往的记录，定出每个时段的营业额。一般第三时段的客流较多，则所分配的营业额比例就高一些。比如第一个时段占 20%，第二时段占 30%，第三时段占 40%，第四时段占 10%。如果店铺处于居民区，可能早上有人，晚上没人，那就倒过来，这也是一个规律。一天的销售目标按照上述比例分配给各个时段，把结果写在工作日志上，成为该日目标计划表。

另外，每个时段需要有详细的管理表格，这样才能确保每个班次的人特别清楚，店长自己也特别清楚。每日时段目标没有完成时，每个小时都要去跟进，确保在时段内能完成。

(2) 目标的落实

目标制定了，也做了详细合理的分解，那么如何将这些小目标进行分配落实呢？

做好准备工作：店长可以利用晨会，首先对昨日销售数据进行分析总结，然后告诉店员今天的目标是什么、具体怎么做、需要注意哪些方面，让大家对今天的目标任务有更清晰的了解。

步步跟进不放松：在店员明确了目标之后，店长就要监督店员为目标而努力。这时，店长不仅要从精神上激励店员，而且要时刻关注店员的销售情况，进行实质上的指导和帮助。如店员的服务没有令客户满意，店长就需要及时与店员进行沟通，对销售、服务情况进行跟进，从而发现问题，对症下药，及时修正提高。

在及时跟进的过程中，管理者可以根据店员的完成情况进行下一阶段目标的制定。

想方设法追目标：有时候，由于某些客观因素，店铺的目标落实、执行等工作似乎已经做得很完美，但最终还是没有达到销售目标。这个时候就需要学会追目标。主要方法有：给忠实客户或者贵宾客户打电话，告知店内优惠等情况；渲染店内气氛，不仅吸引顾客，还可刺激和激发店员的积极性；在未完成目标的情况下，可临时设定销售竞赛，加倍奖励销售额第一的店员，从而刺激店员完成目标。

偶尔的追目标，可以带给店员刺激，让店员振奋，但是一旦总是在"追"的过程中，店员难免会有"惰"性，甚至影响销售激情，因此，"追目标"只可偶尔为之。而店长也要总结经验，考虑全面，制定出的目标尽量不受客观因素影响。

（3）个性目标的制定

在店铺中，除了制定年、月、日等目标之外，还需要注意和思考店员目标的制定，毕竟，每个人在销售能力、优缺点方面都存在差异。目标制定也要因人而异，具体到位。可以主要从以下四个方面衡量。

店员过去的成绩不可忽视：一般店员的能力随着从业时间的增长都会有所提高，因此在为店员分配工作目标时，首先要参考店员的过往成绩，以及该月个别店员的上班天数。因为有时候会有带薪休假，20 个工作日的目标和 30 个工作日肯定不一样。

店员的销售能力、经验、产品知识水平，都是制定店员目标时要参考的因素。店铺要实行"多劳多得，能者多得"的政策，这样才能最大程度地调动店员积极性。

对于经验丰富的店员可以让他自行订立个人目标，这不仅可以让他感觉到被信任，而且还可以增强他的自信心、积极性。而对于经验不足的店员，店长可根据店员个人能力给他制定销售目标。

如果是一个新店员，在没有过去成绩及对他能力不清楚的情况下，可以根据他的近日销售表现制定目标，制定目标的时候还要考虑件数和金额。对于销售能力比较弱的新店员，开始可以给他制定较少的销售目标，但这并不意味着永远就这么低。店长应教他如何快速地提升业绩，但根据他的现有能力暂时定这么低的目标。

进行业绩管理及绩效考核，多劳多得

①什么叫多劳多得？

②如何体现一个店员的能力水平？

③对于店铺来说，绩效考核的重要性在于什么？

④绩效考核的内容有哪些？

在很多店铺，都宣称多劳多得。这是什么概念呢？就是说员工卖得越多，获得的报酬也就越多。从这个角度来说，店员的能力越强，那么每个月获得的薪酬也就越高。能力和薪酬成了正比。

可是能力从哪里表现出来呢？自然是店员的业绩。所以要想让店员真的放开手脚去做，必须对店员进行业绩管理和绩效考核，用这种方法来衡量该给店员发多少薪酬。遗憾的是，很多店铺没有这么做，最终的结果自然是有能力的店员都走了，剩下了一些光吃饭不干活的人。

　　"震天吼"音像店是一个集销售、调试、维修、订购等为一体的大型音像店，在开店之初，店长一下子招聘了15名店员，为了能顺利上岗，店长组织这些店员进行了必要的培训。就这样，音像店顺利开业了。

　　刚开始的一个月，店铺经营比较顺利，店员工作也很卖力。可是随着时间的推移，店长发现，这些店员工作不再像以前那么卖力了，并且很多店员都心生抱怨。这些店员都在抱怨些什么呢？店长找到其中一个店员进行询问。

　　"工资发得不公平，除了这个还有什么。"店员的回答明显带着一些怨气。

　　"你们的工资都是差不多的，又有什么不公平的呢？"店长一脸迷惑地问。

　　"就因为这样，我们才觉得不公平，您可以自己看一下，小张能力明显不行，遇到问题总是找我们解决，也就是说，他的很多工作都是我们帮忙完成的，为什么他拿的薪水和我们的是一样的呢？再说老王，他的能力是没的说的，为什么他的薪水又是和我们差不多呢？这样子下去，我们也要变得没有能力了。"店员最后的一句话带着"威胁"的味道。

　　其实不用店员"威胁"，店长也发现了问题所在，即店员能力不同，薪酬分配应该不同的，可是自己当初却没有考虑这么多，想不到问题就出在这里。为了店铺的正常运转，店长决定根据店员的能力来制定薪酬分配。可是，另一个问题又出来了：谁的能力高，谁的能力低呢？店员能力的高低该如何来进行区分呢？很显然，这需要店长对这些店员进行业绩管理和绩效考核的。可是，对于这么高深的内容，连小学都没有毕业的店长又怎么懂呢？

　　正是这个问题没有得到很好的解决，"震天吼"店铺的店员一个接着一个离开了店铺，此时的店长才知道，那些走的店员是最有能力的，剩下的都是能力有问题的，可是现在知道了又能如何呢？

　　由此可见，没有做好绩效考核对于店铺的打击可能是毁灭性的。这也显示出了店长做好业绩管理、做好绩效考核的重要性。那么绩效考核都有哪些内容呢？主要有两个方面：

一方面，店员的销售目标完成量。

店员的销售目标完成情况，具体表现为工作完成的数量、质量、成本费用以及为店铺做出的其他贡献等。它也是绩效考核最基本的组成部分，一般通过定性或定量的数据进行评价。

另一方面，店员在工作过程中所表现出来的行为。

店员为完成某项工作的行为、表现和素质，也是绩效考核的内容。因此，店员的绩效考核并不仅仅是指店员的销售额是多少。如某店员为了完成销售额，违反了店铺的规章制度，做了有损店铺形象的事情，那么综合起来考核，这个店员的绩效至少不能算好。一般店员的工作表现采用行为性的描述来进行评价。

那么店长在进行绩效考核的时候，要注意哪些方面的问题呢？总的来说，有以下几点：

（1）注意尺度，不要过分

绩效考核是业绩管理的核心部分，对一个店铺来说，没有业绩考核就无法充分发挥店员的积极性，无法从销售额变成利润，无法完成店铺的远大目标。但是绩效考核一定不要走入一种歧途：考核制度过于烦琐、严格，给所有店员造成压迫感，这样不但起不到提升店铺业绩的效果，反而会让店员过于压抑，失去积极性和能动性，出现疲于应付、为考核而考核的不良后果。

无论什么样的考核，都不是最终目的，而仅仅是手段。绩效考核不能以店员的身心疲惫为代价，这样是得不偿失的。因此，为店员留下工作愉快的空间，为顾客创造合作愉快的空间，是绩效考核尺度合理与否的一个主要标志。

（2）绩效考核要与奖惩挂钩

评比考核必定有好差之分，因此也必定要与奖惩挂钩，这样考核才有意义。而且，奖惩还是激励店员、调动店员积极性的最好方法。

奖惩制度一定要公正、公开、公平，真正做到赏罚分明，只有这样才能激发店员争创优秀业绩的动力，挖掘店员的潜力。

(3) 确定合适的绩效考核周期

所谓考核的周期，就是指多长时间进行一次考核。

首先，绩效考核周期与考核的目的有关。如果为了奖惩，那么就应该使考核的周期与奖惩的周期保持一致；而如果考核是为了续签聘用协议，则考核周期与店铺制定的店员聘用周期一致。

其次，绩效考核周期还与考核指标类型有关。对于店员销售量绩效考核指标，就要进行月考核，时间短且要定期进行。这样有利于及时地改进工作，避免将问题一起积攒到年底来处理。

对于工作表现的绩效考核，则适合于在相对较长的时期内进行考核，例如季度、半年或一年，因为这些关于人的行为、表现和素质的因素相对具有一定的隐蔽性和不可观察性，需要较长时间的考察和必要的推断才能得出结论，其间，店铺应进行一些简单的日常行为记录，以作为考核时的依据。

实践中，一般没有将两种考核内容分开设定考核周期，而是统一设定考核周期。

(4) 清晰界定绩效考核重点

店员绩效考核的根本目的是通过对店员的工作品德、工作能力、工作态度、工作业绩和工作潜力等的正确评价，结合人事调配、晋升、报酬以及教育培训等管理手段，提高每个店员的能力、素质和士气，实现店铺目标。店员绩效考核的具体目的决定着考核内容与考核重点的差异。

(5) 不断完善绩效考核

店员绩效考核绝非一日之功，不能一蹴而就。实践中，有不少曾经认真做过绩效考核的店长，都因为看不到结果或者坚持不下去，最终半途而废或者变成走过场。绩效考核工作需要经过长期的观察、分析和总结，只有准确地设定了考核指标、考核周期并坚持执行，绩效考核才会起到它应有的良好作用。

安排好店员的值班、加班，力争效果最优

①是不是店员上班时间越多，效益越好？

②排班时根据什么确定值班人数？

③员工的工作时间该如何安排？

④排班有什么技巧？

　　店员是店铺盈利的保障，没有店员，店铺的销售情况就会陷入困境之中。从这个角度来说，店铺要想获得盈利，店员的数量是不能少的。那么是不是就意味着店员在店里的时间越长越好呢？很显然不是，这是一种比较极端、吃力不讨好的行为。

　　总是让店员加班、值班，不仅经常出现店铺人员无所事事的情况，而且还会导致员工厌倦自己的工作，出现怠工的情况。为什么这么说呢？原因很简单：销售工作不同于生产，不是时间越长其收益就会越大，而是如何合理地安排人员班次，提高工作效率。特别是对于店员人数较多的店铺，排一个合理有效的班次，对于整体的销售业绩提升是有较大的帮助的。

　　"康复通"是一个 24 小时营业的小药店，主要是为了方便周围 10 个小区的居民生活。店内设有售货员和收银员两个职位，总共 5 个人，1 个收银员，4

个售货员，分早、中、晚三个班，以前都是店员自行轮换，经常出错。于是，药店经理为了更好地做好售货工作，决定为他们排一个值班表。果然在实行了值班表之后，差错再也没有出现过。"康复通"药店的销售情况越来越好。

那么对于店铺的店长来说，该如何确定值班和加班的店员人数呢？应该从以下两点去考虑：

(1) 根据人流的时间段分批排班

在正常情况下，下午、晚上的顾客人数较上午多，因此编排值班表时，可安排较多店员上下午班。而不是早晚轮班制，即上下午的店员人数相同，这样就导致上午的销售人员无事可做，久而久之变得懒散，而下午、晚上上班的店员却忙不过来，当听说上午很清闲时，又产生抱怨心理。排班并非是让店员平均待在店里的时间越长就越好，而是尽量让店员始终有事可做，始终动起来，形成一种积极的工作习惯，并在繁忙的时间段安排足够多的店员，这才是最有助于提升销售业绩的排班方法。

在前面的目标制定中，我们将每日的目标分成了四个阶段：第一时段是从开门到 15 点，第二时段 15~17 点，第三时段 18~21 点，第四时段 21 点。根据这样的时段划分，店长在人员编排的时候，要保证销售高峰期人员足够用，而不能草草地实行平均分配。如果在周内排班的时候，早班是早晨 8~14 点，在周六、周日最忙的时候就要分成四个班。设定一周是 48 个小时上班时间，确保店员这一周能干满 48 小时就可以了。周一到周五的时间正常安排，可能 6 个小时或者 8 个小时；周六、周日因为客流量比较大，可能就会安排 6 个小时，而且能够保证这 6 个小时是百分百地投入。这是灵活机动的，店铺平时没有那么大的客流量，平时可能正常排班，但是到了周末就要多排一个班出来，从上午 12 点一直到晚上 8 点这个班，三个班组的人员都集中在这个时间上班，确保在这时人手最多。

另外，店员的假期尽量安排在平日，以保证周六、周日及假期日有足够多的店员上班。

（2）根据每个时段的销售数据而定

一般店铺开门的时间都是早上 10 点，当被问起为什么这样排班时，店长会很自然地说：大家都这样。其实，根据所处的位置及面对的顾客不同，店铺上下班的时间也应该有所差异，不能人云亦云。如有的店铺 10 点钟几乎没有生意，而晚上打烊的最后时间经常会有顾客登门惠顾，当这样的情况发生一段时间后，店长就应该做出相应的时间调整，可以把上班时间往后移半小时、下班时间往后移半个小时。这样不但吸引了一些优秀的店员来应聘，更重要的是，提高了店员的积极性，另外有效工作时间加长了，所以营业额也跟着提高。所以，具体的工作时间不能由习惯说了算，也不能店长说了算，要根据不同时间段的进店人数、成交数统计来定。

（3）讲究排班搭配技巧

排班搭配，不是简单地将两个人合并在一起工作，而是需要讲究技巧的。那么有哪些技巧可以使用呢？

新老店员搭配：新店员刚来，对店铺的情况还不是很了解，因此在排班的时候，就需要配合一位经验丰富、处世沉稳的老店员，帮助和提醒新店员，防止工作中出现因对工作内容不明确而没有关注到位，出现漏洞。而新店员是店铺的新鲜血液，老店员也会有新鲜感。所以新老店员搭配排班，有利于做好岗位控制，防止出现漏洞。

工作表现积极的店员与相对差一点的店员搭配：对待工作认真负责、执行力强的店员与思想散漫、不能严格要求自己、执行力差的店员搭配的效果不言而喻，一方面让优秀店员帮助较差的店员，感染和影响这样的店员，以此来提高执行力，形成潜在竞争机制；另一方面也让较差店员认识到自己的不足，督促自己自觉进步，从而帮助店员提高工作积极性，并逐步影响其他店员拥有积极正面的心态，全面提高士气。

不宜将老乡、同学关系的店员安排在一起工作：因为这些店员的关系比较密切，在工作中容易出现不诚实行为或其他非正常事件时无人监督、提醒或防范，出现老好人不监督、不管事，无法起到相互监督的作用。

不宜将两位平时表现都好或者都不好的店员安排在一起工作：优秀是一种习惯，两位表现良好的店员在一起会造成资源浪费，也没有真正让店员发挥他们的附加价值，如上面所说的"榜样"价值。而如果两位表现不好的同事在一起工作，就可能出现因对工作内容不明确而没有关注到位，出现漏洞，就会造成隐患或风险。

进行店员的日常行为管理，明确工作重点

①店长为什么要对店员的日常行为进行管理？

②店员的哪些行为需要管理？

③如何管理店员无责任心的行为？

④如何管理店员自私自利的行为？

对于店长来说，对店员日常行为的管理是理所当然的。因为如果没有对店员进行必要的管理，店员可能就像一盘散沙，不仅凝聚不成一个团队，而且还有可能影响店铺的销售，给店铺的利润带来损害。更重要的是，如果不

对店员进行管理，那么店员的一些行为可能就会给店铺造成一些不必要的坏影响，影响店铺的荣誉。

崔芳英的店铺最近出了一些状况，导致未按时将李老板的货品送到，因此造成了很大的误会。而负责人艾艾就成为了李老板的发泄对象，还声称艾艾再也不要出现在她面前。最后店铺要把货款退给李老板时，艾艾说什么也不敢去见这位客户了。怎么办？自己的问题自己面对？这不是艾艾的问题，而是店铺的问题。因为崔芳英要急着处理后续的事情，也抽不出身来，最后只好开会征求下大家的意见：谁愿意去一趟，把货款退给李老板？可是，谁也不愿意去。崔芳英只好叫一名平时比较主动的店员敏敏，陪艾艾一起把货款送给李老板。当时敏敏没有拒绝就和艾艾一起去退款了。

后来有一天，一个客户打来电话要签单，碰巧当时只有敏敏和艾艾在。崔芳英想：两个人都知道了有单子签，那么两个人该谁去签呢？于是先问了一下："这单谁去签啊？"两个人当时都没好意思开口，后来敏敏主动让艾艾去签。崔芳英看了看敏敏，点点头，在心里默默记下了什么。

不久，崔芳英就给全体店员开了一个会。总结分析了店铺近期的问题，也做了自我批评。最后，她在会上点名表扬了敏敏近期的表现："她帮助艾艾一起退款，没有抱怨，这是同事之间的友情，也是对我的大大支持，所以我要感谢她……"崔芳英带头鼓起了掌。然后，她继续讲述了敏敏让单的事情，并又一次给了褒奖。当时的敏敏拿着店长的红包，还真有点不好意思。

其实在这个事例中崔芳英虽然没有明确地对某个店员的行为进行管理，但是从她的自我批评、对敏敏的奖励当中就可以明白：崔芳英是想通过这种方法，让其他店员向敏敏学习，从而实现店铺销售的快速提升。

那么对于店长来说，店员哪些日常行为是需要管理的呢？有以下几种：

(1) 没有责任心的行为

曾经在某店铺见过这样接待投诉的店员：一屋子人在聊天，投诉的电话铃声此起彼伏，可就是不接听。问之，回答说："还没到上班时间。"其实，离上班时间仅差一两分钟，就看着表不接。这些问题看起来是微不足道的小事，但恰恰反映了店员的责任心。而正是这些体现店员责任心的细小之事，关系着店铺的信誉、信用、效益、发展，甚至生存。

对此，应主要从以下三个方面入手：

制定严格的制度：每个人都是有惰性的，严格的管理制度可以在一定程度上管制店员的行为，让其对工作更有责任心。

具有完善的监管机制：制度是死的，是条文性的东西，有了制度没有人监管，等于没有制度。因此，监管是管理工作所必需的。监管者首先自己要遵守应该遵守的制度，其次还要破除情面不徇私情进行监管，监管同样需要智慧，需要原则和灵活处理相结合。

从心而入的教化：有了流程制度和监管，店员就一定按流程和标准做了吗？显然未必。那就要通过行为教育来进行。如果说流程和管理工作是硬性的强迫性约束，那么行为教育则是让店员自愿接受约束，起到春风化雨的作用，这就是教化的作用。行为教育最好的方式就是领导身体力行。想要店员有责任心，那么作为店铺的经营管理者必须身体力行，起到模范的作用。只有领导敢负责任，店员才敢负责任。

(2) 自私自利的行为

在我们的店员中，是否也有自私自利的店员呢？如果有，店长就需要给这部分人"洗脑"了。该如何洗呢？

店长要学会不失时机地向这种类型的店员灌输团队思维：只有大家好，

才能个人好，每个人都有遇到困难的时候，这时候就需要大家的帮助。而且，只要努力，大家都会是共同利益的获得者。

店长要学会协调和沟通团队成员之间的情感：俗话说志同道合，要想使团队中所有成员的情感加深，店长首先要使他们有共同的认知，然后才能一起携手走向"道合"，彼此间的情感才能进一步加深。

店长要让店员懂得"团队快乐"是最宝贵的：同事之间的相处有时候比家人相处的时间都长，因此生活中的乐趣也多数来自于工作、来自于同事。作为店长就要为店员营造一个和睦团结的氛围，让团队中的每个成员都能获得如家的快乐，从而让店员对这个团队备加爱护和精心建设。私心较重的店员如果能从自身所处的团队中获得相应的利益和快乐，他们的私心无疑会成为他们工作的动力。

(3) 店员之间争吵的行为

店铺的店员由于年龄、工作性质、工资提成制度等原因，难免会产生一些矛盾。而这种现象绝对是阻碍店铺发展、阻碍团队进步的因素，此时作为店长，就一定要起到一个缓解店员矛盾、加强店员凝聚力的作用。

那么该如何做呢？

首先，了解发生冲突的原因，根据店员的性格，因势利导，让他们认识到各自的不足，多作一些反思。

其次，还可以列举以往大家互帮互助的事件，让他们想到对方的好处、优点，意识到这次争吵纯属冲动。最后，店长在完全确定争吵双方已心平气和后，找机会让他们和解。

最后，店长应该适当了解店员的私人生活，并让店员之间除了工作和同事的关系以外，建立起一定的朋友关系。如鼓励店员之间合租住房、下班后店员 AA 制一起吃夜宵等，都是非常不错的选择。

（4）抗拒管理的行为

抗拒管理是自然反应，也是必然的过程。不是每一个人都能立即全心全意地接受管理，店员需要时间调整，更需要店长的沟通与协助。在管理的时候，要注意以下几点：

面对店员的抗拒，店长不应该不断地向店员强调管理的必要性，而是要正视店员的反应，去了解背后的原因，化解店员的抗拒心理。

对于店员的抗拒，店长一定要耐心听下去，反思是否真的是自己没有做好，例如没有说清楚，让店员产生疑虑，或是没有提供足够的协助，让店员不知该如何是好。

店员的抗拒一般都是因为害怕自己利益受到了影响。因此，店长一定要说清楚管理之后对店员的影响，如是否因承担更多责任而相应拿到更多报酬等。通过店长的一番晓之以理，动之以情的解释，相信店员会接受一切应该管理的事实。

制订店员个人进步方案，实现共同进步

①为什么要帮助店员制订个人进步方案？

②店员进步方案的制订，要通过哪些步骤进行？

③在制订方案时，店长要了解哪些问题？

④店长如何提高店员主动进步的意识？

或许很多店长都在问这样一个问题：店员进步与否和店长有什么关系？和店铺又有什么关系？如果这个店员确实不行，把他直接辞退不就可以了吗？

从表面上看，确实如此，但实际上并不是。店员个人的进步与否不仅仅和店长有着很重要的关系，而且和店铺也有很重要的关系。为什么这么说呢？我们不妨来做一个假设：

假如一个店铺有 500 个店员，每一个人都问自己：今天哪里可以做得更好？那么一年之后，这个店铺会发生什么事情呢？十年之后，世界级的店铺是不是就可能产生呢？而一个店铺，如果店长每天问自己：今天我自己哪里可以做得更好？店员也问自己：我今天是不是应该比昨天做得更好？长久以往，店长成了店员心目中的好领导，店员服管；店员成了店铺的优秀销售人才，店长放心，店铺何愁不发展？因此，每天只要让店员踏踏实实进步一点点就好，慢慢累积起来，已经迈出一大步了。

在销售过程中，常常遇到只看不买的顾客。那么面对这些顾客，该如何处理呢？王青和多数的销售员一样，只会抱怨："这件洋装李小姐摸了好几次，就是不下手掏钱，生意真是难做啊。"

可是有一天，店长却发现销售员李霞却在最后完成了销售，并且还把李小姐纳入了自己的重要客户之中。

店长问李霞是怎么办到的，李霞说："其实，李小姐多次来看这件衣服，一定有想买的意愿，但是也有一些顾虑，于是当她再来的时候，我首先了解她的顾虑，然后一一攻破，一次不行就两次，而且在交谈中，我对李小姐是否要买有了几分把握。"

这是店员李霞的个人进步计划，作为店长也要借鉴这样的方法，关注店员每次的进步，只要店员一直在努力，就要给予肯定、鼓励和支持。因为凡是成功的人，都是一步一个脚印，在自己前进的道路上经营筹划，不断进步的。

由此可见，店长在考虑店铺长远发展时，更需要首先关注店员的进步和成长，因为只有店员进步了，才能为店铺创造更大的利润。因此，店长在管理店员，加强与店员情感建设的同时，还需要为店员制订切实可行的进步方案，督促和帮助店员不断提高自己，实现每天都在进步。

那么店长具体该如何去做呢？有以下几点：

（1）明确店员进步方案制订的步骤

在为店员制定明确进步方案的时候，一定要了解其中的步骤。因为只有这样，才能真正成功。那么这个步骤是什么样的呢？

第一步：察。察是考察、调查。店长在为某个店员制订个人进步方案时，首先要了解这个店员的情况，清楚他哪方面业务较弱，店员个人希望提高哪方面技能等，这些可以通过调查表或者直接与店员面谈而获得。明察秋毫，这是店长为店员制定切实可行的进步方案的第一步。

第二步：培。在了解店员情况后，店长就要将店员的能力、意愿等结合店铺的业绩目标、工作时间安排等来制订合理有效的进步计划——培训。培训是让店员进步的关键环节，不仅要对店员的薄弱环节进行培训，更要从店员个人特点、能力以及店铺长远发展的角度考虑，让店员的优点最大化，迅速达到培训目的。

第三步：练。培训多是理论知识的增长，但培训的目的是将所学的知识运用到工作中，提高工作效率。因此，在培训店员后，有必要为店员留下课后作业，对这些课后作业在下次培训的时候进行检查，做好培训内容掌握程度的评估。

第四步：考。一次培训开始的时候，要考上一次培训的内容，了解店员的掌握程度，并记录成绩，可以在店铺的竞赛榜上公布出来，也可以成为新老店员的一个考核依据。

第五步：用。培训的最终目的是为了应用，店员培训的成效如何只有在实践中运用后才能得到验证。所有内容要注意在实践中使用，作为店长，应该多与店员沟通，督促店员在工作中把所学的知识用起来。在运用的时候，可以由店员大胆发挥，而在事后对店员表现进行评价总结，这样更有助于店员快速成长。

第六步：馈。经过上述五个过程，基本完成了店员进步方案的实施，但是最后一点，也必须要引起店长的注意。经过培训，店员是否取得了既定进步，哪些没有实现，哪些完成得很好，而且店员对培训有何意见等内容的反馈，都是店长在制订下一次方案时非常宝贵的参考资料。因此一定不能遗漏反馈、分析和总结这一步。

店员的进步需以天为行动单位，以周为练习单位，以月为考核周期，完成每天进步一点点，每月进步一大步，每年更上一层楼的目标。

（2）了解店员以及他的想法

在为店员制订个人进步方案的时候，除了要知道必要的制定步骤之外，还应该了解店员的想法和近期的情况。只有这样，这个计划才会真正有用，才会真正符合店员的要求、符合店铺的需求。

制订店员个人进步方案前，店长需弄清楚的问题：

店员近期的目标是什么？

店员的现状和目标还有多大差距？

对店员现在进行的培训指导对实现目标有利吗？

店员从现在的工作中能收获什么？

这个方案需要付出多大的成本？

预期的结果是否值得付出这样的成本？

这样的成本是否付得起呢？

（3）主动提高店员的自我进步意识

店长要增强店员自我提高和寻求进步的意识，这样进步的速度会更快。以下是店长引导店员提高自我进步意识的一些问题，可以作为参考。

我今天取得了哪些进步？

我还存在哪些问题？

我比别人优秀在哪里？

我和这里最优秀的人的差距在哪里？

我怎样才能弥补我和别人的差距？

上周工作计划执行情况如何？

本月取得哪些进步？做出总结。

下个月我最想改进的缺点是什么？怎么改进？

第 11 堂课

业绩提升的法宝
有效促销能力的培养

　　对于店铺来说，促销是否成功，将直接决定它的生存和竞争。在店铺进行促销的时候，店长促销能力的大小决定着店铺促销活动的成功与否。因此，要想成为一个具备有效促销能力的店长，相关方面能力的培养是必不可少的。

做好促销前的调查工作

①什么叫促销事前调查？

②为什么要做促销事前调查？

③促销事前调查的内容是什么？

④为什么要对竞争对手进行调查？

促销活动要想获得成功，有很多事情要做。其中非常重要的一点就是在促销活动举行之前进行必要的、相关的调查。这种调查就叫促销事前调查，即无论从促销活动的长远战略出发，还是运用实际的促销战术，都必须依据整个市场的真实状况和全面态势，通过事先的调查准备，让各种促销的相关因素充分暴露出来，从而在活动展开前就尽量排除其中的不确定性。

或许很多人看到这里的时候就会产生这样一个疑问：促销，不就是一个活动吗？为什么还要进行调查呢？这不是提高销售的成本吗？其实这些人之所以这么想，就是没有认识到促销事前调查的重要性。

那么促销事前调查有什么重要性呢？总的来说，有以下两点：

其一，熟悉促销的环境。对于店铺的促销来说，并不是一个能够脱离环境的独立行为，所以它的成功与否都会受到环境的影响。当然，如果我们没有在促销之前对这些环境进行了解，很有可能受到不良的影响，造成促销活动的失败。

其二，选择最适宜的促销方式。促销要想获得成功，就必须先对促销的方式进行调查，然后选择适合自己的那种。

某美容院为答谢新老顾客的支持，打算开展促销优惠活动。可是，该如何进行促销呢？用什么方式？用什么样的力度呢？一连串的问题摆在店长的面前，而此时的店长也是一头雾水，不知道该如何决断。

无奈之下，店长决定请教相关方面的专家之后再作决定。于是他找到了一个做了好几年店长的朋友，咨询相关的促销事宜。这一咨询不要紧，朋友给他做了解答。从他的解答当中店长知道了一点：在促销之前要进行相关的调查，只有进行了相关的调查之后，才能决定该如何进行促销。

果然，这名店长在进行了促销事前的调查之后，发现很多的问题之前没有搞清楚。比如说自己促销的对象是谁？是选择会员方式促销还是采用赠品方式促销呢？在促销之前该如何打广告呢？……

在考虑清楚这些问题之后，店长进行了周密的部署。一个星期下来，美容店的促销活动受到了新老客户的热烈欢迎，活动取得了圆满的成功。

由此可见，促销事前调查并不是可有可无的事情。虽然在做这些调查的时候要花费一些经费，但是这是一种投资，一种能够取得更大回报的投资。对于店铺来说，这样的投资是需要的，也是必需的。毕竟，促销事前调查对于商家而言是十分重要的，商场风云多变，唯有对竞争对手和市场变化因素进行多方面多角度的考察，才能做到知己知彼。对促销活动的成功开展做到胸有成竹，只能通过调查。调查主要包括以下几个方面：

（1）竞争对手的调查

在促销之前，一定要对竞争对手有一个了解。主要了解他在近期是否也有相关的促销活动。如果有，他的方案是什么，他采用的是什么样的方式？俗话说得好，只有知己知彼，才能百战不殆。对竞争对手的无知，就是促销活动失败的开始。

(2) 促销对象的调查

促销活动面对的顾客群体往往是很复杂的，不同的顾客群看待促销活动有不同的态度，因而为了让促销活动取得最好的效果，就要将眼光瞄准那些对促销活动反应敏感的群体。在调查中，可以重点注意顾客对怎样的促销附加价值比较感兴趣、怎样的促销模式较容易被接受等。切忌靠感觉和经验搞促销。

(3) 促销形式的调查

对这一点的调查，往往是有了比较明确的促销目标，且已经策划出一些可供选择的促销构想之后展开的。通过调查，向顾客了解这些构思付诸实施之后的可能效果，以便选择最理想的促销形式。

(4) 促销场地的调查

即根据促销场地的大小，设计促销展台的搭建。若场地小，搭建大的展示台或是通过其他的形式吸引顾客的注意力显然不太实际，只能用一个显眼的展示台，尽可能充分利用空间进行促销。促销场地的位置很重要，在整个卖场里，若位置处在客流不是很多的地方，就要好好规划展示台的设计，以此吸引客流达到促销的目的。

总而言之，促销前的调查，归根到底是为了保证店铺花在促销上的钱能真正发挥作用，把有限的经费花在最有效的地方，即帮助店铺看清营销方向，做出有效的决策。在飞速变化的促销领域中，店铺销售想要到达成功的彼岸，还有赖于依据调查到的情况做出正确的分析和判断。

选择好要促销的商品

①为什么要对促销的商品进行选择？

②在对促销商品进行选择的时候要注意哪些问题？

③商品的选择和促销时机之间有什么关系？

④如何对库存商品进行促销？

促销，是一种或者几种商品的大量销售。那么在促销活动之前，就应该明确一个事情：对店铺内的哪些商品进行促销？只有选定了促销的商品，才能制定后来的促销方式、促销力度等。可以这么说，促销商品的选定是促销活动的开始。

端午节临近，有家超市想趁这个好时机对库存已久的商品进行促销，可惜的是这种商品跟端午节的氛围似乎不怎么搭配，但店长抱着试试看的态度，就在店内把商品摆出来了。

结果可想而知，顾客是好多，但大都是前来购买跟端午节相关的物品，如粽子、红酒之类，很少有人注意到店内还有其他商品在促销，即使有人注意到了也只是看一眼就走开了。毕竟这些促销的商品和自己当下的需求并没有多大的关系。

很显然，三天的小假下来，有家超市促销的商品销售数目惨不忍睹，店长感叹说：又浪费了这三天假期，看来不是所有促销商品顾客都会买账啊，还是要对症下药才行。

这家超市店长的想法很好，趁假期顾客都出来购物的时间，对之前库存已久的商品进行促销。但是想法好并不意味着效果就好。事实证明，这家超市因为没有选定好促销商品，所以三天的小假下来，促销商品并没有销售多少。不仅浪费了人力和物力，而且利润基本上没有。

按理说，端午节，就应促销一些跟节日密切相关的商品，在节日的氛围下，顾客的购买欲望会被激发，从而促进销售量，跟节日有关的商品也会比往常更有销路。但超市店长却不顾顾客的购买情绪，一味只想促销库存商品，这才出现了偏差，导致了最后的失败。

由此可见，选择好促销的商品是进行促销活动的第一步，开头开得好就会让你接下去的活动顺利很多。因而在促销活动开始前，要充分搜集有效的市场信息，力争让自己促销的商品震撼登场。促销一般来讲，比日常的销售量大，因而目前市场上促销热很流行。但不是所有促销都能让顾客慷慨解囊的，只有在合适的时间选择好合适的商品才能达到预期的效果。

那么在选择促销商品的时候，该注意哪些问题呢？

（1）了解市场需求

这是最首要的，只有顾客需要的物品，才有市场前景。一些商家纯粹是为了促销而促销，对一些不合时宜的物品也进行促销，这无疑是浪费商家的时间和精力，最后却丝毫起不了促销的作用。因此，在搞促销前要先了解这个时段的市场上最需要的商品是什么，再有的放矢进行促销，才能符合顾客的心。

（2）切合时机的需要

所谓切合时机的需要是指在选择促销商品的时候，要考虑这些商品是不是和当下的季节、节日氛围、顾客对这种产品的需要相符合。如果相符合，则可以促销。如果不符合，就应该避免促销，否则效果一定不好。就像事例中的这家超市的促销活动一样，虽然花费了人力、物力，但是结果却不容乐观。

(3) 做好促销商品的包装

这是针对已经要促销的商品而言的。当商家决定对某一商品进行促销时，就要对该商品进行与众不同的包装，以显示出它与平时的不一样。这样才能吸引顾客的注意，若只是像平常那样放在那里就完事，顾客就看不出这是促销还是平常的销售，从而影响销量。

(4) 立足店铺自身实际

即市场需求是一方面，而自身的实际又是一方面。要考虑到市场的因素，若市场需要的并不是自己的店铺所擅长的商品领域，那一味迎合市场最终也得不到好处。若本店打算促销的商品，刚好也是目前市场比较流行的，那这个时机选择促销是最好的。

(5) 库存商品优先考虑

对于店铺来说，库存商品是一种压力，也是促销商品的首选。但是是不是意味着选择这些首选商品就是正确的？关键还要看市场是否需要这些商品、这些商品是否满足顾客的购买欲望。还有一点，这些库存商品的包装是否符合当下顾客的审美标准。

总而言之，对于店铺来说，要想获得促销的成功，除了在促销之前要做好促销事前调查之外，还要选择正确的促销商品。

选择好合适的促销模式

①为什么要对促销模式进行选择？

②选择促销模式要考虑什么问题？

③对于店铺来说，有哪些促销模式呢？

④选择促销模式的时候，要如何考虑顾客的心理？

　　在选择了促销的商品之后，接下来就要考虑使用什么样的促销方式了。因为对于店铺来说，促销方式是很多很多的，但是只有一两种是最适合自己的。而店长要做的就是根据自己店铺的实际情况、促销商品的情况找到这种适合自己的方式。

　　位于某建材城的甲室内门专卖店，趁五一假期推出优惠促销活动。可是该选择什么样的促销方式呢？

　　在这个问题上，店长进行了两方面的考虑：

　　第一，在促销的时候要对店铺进行宣传，扩大知名度；

　　第二，保证店铺的利润，不至于因为促销而让自己的利润丧失。

　　基于这两点的考虑，店长最终选择了抽奖的促销形式。因为这样一来，顾客会感兴趣，从而实现了对店铺的宣传。其次，因为是抽奖，所以成本的投入是比较少的，对于店铺的利润来说，是有保障的。

　　就这样，甲室内门专卖店在五一三天假期期间举行了抽奖促销活动：

只要是在甲店内购物的顾客，不管金额多少都有机会参加抽奖活动。该抽奖活动的奖品是店铺对商品的促销优惠打折，顾客抽奖摸到几折的奖，店铺就给顾客打几折，每一位参加抽奖的顾客都有机会，不同在于折少折多而已。

顾客知道后，纷纷到店里消费，这种以摸奖的形式决定折扣的促销还真是没见过，顾客都想试一试自己的手气。摸到折扣高的顾客脸上喜洋洋，摸到折扣低的顾客也不抱怨，只怪自己手气不如别人。该店在五一的销售额同比翻了一番。

我们都知道，在促销的时候，模式是很多的，店铺选择何种模式关键要考虑顾客对促销活动的心理接受程度。因为，只有制定一个独特的促销模式，才能让顾客在众多促销模式中特别青睐你的店铺、青睐你的商品，从而乖乖掏钱增长你的店铺销售额。例中的甲店铺，以中国人最喜欢的碰运气形式，决定顾客购物的折扣高低，这不仅给予顾客物质上的实际优惠，还最大程度地激发了顾客的试一试心理和购买欲望。

由此可见，要想选择一个合适的促销模式，需要考虑在不同的季节时段做不同的促销，以保证销量，稳定市场。所以说，促销模式的选定对于店铺是至关重要的。那么具体都有哪些促销模式呢？我们不妨来了解一下：

(1) 会员优惠券

这种促销方式如今已被商家广泛应用，主要指顾客购买某店铺规定的特定商品后，即可得到折价优惠券，当顾客再次光临店内购买时就可获得折价优惠，一般当日是不能使用这个折价优惠券的。这种方式在商品促销时经常用到，虽然该方式的效果显现可能需要较长时间，但这无疑是一个可以给顾客多次植入品牌标志的有效举措。

（2）赠品吸引

指当顾客购买某特定店内商品后，可免费获赠其他商品。如有的店铺买商品送购物袋，也有一些店铺的赠品价值比较高，这取决于顾客所买商品的价值。赠品选择得当，对消费者才有一定的吸引力，也是一种较为有效的方式。

（3）示范销售

这是一种非常有效的促销方式，这种促销方式不但能通过促销人员现场说服的方式，实现促进销售的目的；还能通过促销人员和顾客之间的语言沟通，较为准确地获知顾客的需求、对所需购买的商品的主要关注点等信息；另外，促销人员还能由此了解到许多有关其他竞争对手的商品信息。

（4）折价销售

折价销售是指对前来购买的顾客以折扣价格出售。在商品的营销过程中，主要表现为直接折扣降价。由于该方式能在短时间内实现销量的较大提升，因而很多店铺对这种促销模式十分青睐。但该种促销方式唯一的缺点是，对店铺一直以来推崇的价格体系会有不同程度的冲击，所以应该慎用。一般情况下，除非有意把某一些特定的商品价格降下来，否则不适宜采用直接降价销售。

总而言之，促销模式的正确选择，事关促销活动能否成功。店铺在选择促销方式时，要综合考虑诸多因素，怎样的促销模式是被顾客最乐意接受的，这就是成功的促销模式。

把握好促销的最佳时机

①促销为什么要选择时机？

②如何选择促销的时机？选择的原则是什么？

③在大众节日促销，有什么不好之处？

④促销时机和社会事件之间如何连接？

　　说起促销，我们印象当中最熟悉的莫过于黄金周促销了。当然，黄金周促销对于店铺来说确实重要，因为这些时间段，顾客的购买力是最强的。如果能够利用好这些时机，店铺的盈利是非常有把握的。可是我们也应该看到一点，黄金周是促销的好时机，但同时也是店铺之间竞争最为激烈的时候，顾客的购买力很大，而店铺的促销压力也很大。

　　那么对于店铺来说，是否有更好的促销时机可以选择呢？换句话说，在这些大家所熟知的促销时机之外，是否还有另外的促销时机呢？答案是很明显的。从这个角度来说，要想有一个满意的促销效果，商家在促销策划时，就要另辟蹊径走一条别人没有走过或是不常走的路，这样才能收获得比别人多。促销时段的选择是一个创新式的策划，需要商家用创新的眼光看待。

　　北京某家居专卖店，因为是新店，无论是在店铺的知名度上面，还是在顾客群的稳定上，都不是特别出色。所以，销售一直是不温不火。

为了改变这种状况，此家居专卖店准备通过促销活动来获得销售额的增加。当然，一说到促销，店主张先生首先想到的就是五一和十一。可是在经过两个假期的促销活动之后，发现结果并没有想象中的那么好，销量并没有大涨。这让店主很是疑惑：都说节假日搞促销，销量比平时要好，现在是不是不管用了？

半个多月后的一天，专卖店隔壁的一个超市举行促销活动。因为不是节假日，张先生觉得这个超市的促销活动肯定不会取得很好的效果，毕竟自己在五一、十一促销的时候都没有取得很好的效果，现在不年不节的，促销又有什么意思呢？

可是，事情却出乎他的想象和判断，这个超市的促销活动非常火爆，现场挤满了前来购物的顾客。虽然这个超市已经增加了很多临时促销员，但还是忙不过来。收银台前更是挤满了前来结账的顾客。他这下就不懂了，问该超市的店长："这节假日的客流也没这么多啊，难道你的宣传比我们当时的宣传到位吗？"

超市店长笑着说："不是的，宣传方式不是重点，关键是我选择的时机比你选择的时机要好。"

"为什么啊？"张先生奇怪地问。

"你在五一、十一的时候进行促销确实是个好主意，但是对于你的竞争对手来说，他们也在促销，所以你的促销效果并不会太好。现在我在促销的时候，我的对手并没有同时在促销，所以效果会更好。"

"原来如此！"张先生恍然大悟。

正如事例中超市店长所认为的那样：店铺选择在一些公共假日进行促销，他的竞争对手也在进行促销，所以相对于这个店铺来说，促销的效果就会受到影响，这么多商家一起在这些节日竞争，势必会"众"败俱伤。而超市的店长选择在店庆时间搞促销，没有同行的商家争着搞促销竞争，可以说是一条街唯此一家，顾客也不用因为"促销"之多而无从取舍，一般就立刻掏钱消费了。

所以说，选择一个合适的促销时机，不仅仅能够减少同样的竞争，而且还能最大程度地获得利润。那么在选择促销时机的时候，要注意哪些方面的内容呢？

(1) 放弃大假期，看重小假期

众所周知，现在五一长假已是小假期，转而增加了清明、端午、中秋等几个小假期，因此，搞促销就不应该再把宝押在"五一"这个老时间段里，大家一起硬碰硬对谁都没好处。相反，既然国家设立了小长假，商家可以考虑在这些小节日里搞促销，效果一定不会比在十一这大假期差。

(2) 看重"人无我有"的时机

这里所说的独具特色的促销时段，指的就是自己店铺的店庆或是增开分店等人无我有的特殊时间。比如说开业、店庆、周年庆等。

在店庆时搞促销活动可以进行重点策划宣传，因为这种时段是自己独有的促销期，不会有别的商家促销争锋，也是一个自己店铺品牌"鹤立鸡群"的时候，这个时候的促销效果是独一无二的，应更加用心。

(3) 利用好同行之间的竞争

由于目前新兴零售业不断发展，市场竞争日趋激烈，同一行业的店铺在某一区域内出现过剩现象，于是，价格战、广告战、服务战等促销活动此起彼伏。为了与竞争对手相抗衡，防止竞争对手在某一促销时期将当地客源吸引过去，店铺往往会针对竞争对手的促销行为推出相应的竞争手段。

(4) 发生重大社会事件时

特定事件或突发事件，往往因为出乎意料，没有心理准备，使店铺难以敏锐地反应。然而，精明的经营者会像快速反应部队那样，迅速决策，及时分析，总能先他人一步抢占商机。其做法通常如下：首先，经常关注并及时掌握社会及商圈内的有关事件及新闻，并研究其对店铺经营及顾客购物心理的影响。然后，若发现良好的促销主题，则立即确定促销的商品及营业部门，在最短的期限内推出促销活动，以抢夺先机，塑造店铺的经营特色和差异化。

比如说，在 2008 年汶川大地震的时候，很多店铺就推出了"支援灾区、支援重建"的促销活动，将所得利润的 20%当作捐赠灾区的善款。这样的促销活动反响非常强烈。当然，这些店铺在表示了自己的爱心之外，也达到了促销的目的。

(5) 开展公益活动时

公共关系促销是通过店铺的公共关系活动使其与社会各界建立良好的理解、友谊和支持关系，从而以其知名度、美誉度来带动商品销售的一种间接促销方式。这种促销方式的特点在于：这是店铺与社会建立的双向沟通，注重的是店铺的长远利益。主要方法包括：利用各种传播媒体和传播方式（如人际传播和大众传播），扩大其知名度，让社会了解店铺。开展联谊、庆典及咨询活动，加强与社会各界的联系。积极参与社会公益事业及其他社会活动，为店铺创造良好的社会环境，获得社会的赞誉。培养教育店员塑造良好的自身形象，建立店铺与职工之间的良好情感。

控制好促销活动的频率

①什么叫促销频率？

②为什么要控制促销频率？

③如何控制促销的频率？

④在控制促销频率的时候，要注意哪些问题？

俗话说得好，凡事过犹不及。店铺进行促销的时候，也应该注意这一点。促销活动可以举行，但是一定要控制好频率，频率太低了，店铺没有足够的效益、库存难以消耗。促销活动太过频繁，顾客对店铺的信誉度就会下降。毕竟，促销的效果好这是毋庸置疑的，否则这种方式不会被众多的商家用来提升销量，但好的方式运用也要有个度，不能因为效果明显就经常性地进行促销，这只会让顾客怀疑促销的目的和商品的质量，反而得不偿失。

在某超市门口，排队等候的人好多，原来这里的食用油正在进行促销打折，店铺在打出的广告中声称：店铺一年一度的粮油促销活动持续三天时间，其间进行让利销售，敬请广大顾客前来购买。顾客看到后，自然纷纷前来购买。买到的顾客脸上洋溢着满意的笑容，感觉捡到了很大的便宜。

可是，过了几天，又一次的粮油促销活动开始了，为期还是三天。有一位顾客在上次促销时买了一瓶，现在路过店铺门口，发现又在搞促销活动，她纳闷了，问店员："你们不是前几天刚刚搞过促销活动吗？怎么今天又在促销啊？"店员回答说："因为上一次促销效益比较好，所以我们店长决定再搞一次这样的活动。"

听了这话，顾客心里嘀咕着："这不是骗人吗？什么叫一年一度啊？这个店铺竟然把促销活动当成'圈钱'的行为，明明说是让利促销的，到最后却成了我们给他们送利润了。"果然，这一次的促销活动的效果一点也不好。

促销的频率要控制好，即促销的周期要适当。这是店铺在促销的时候一定要牢记的一个准则，否则很有可能适得其反。事例中的超市对粮油进行促销，本来顾客盈门是好事，说明促销的前期工作做得很到位，而且顾客买得高兴，用得也踏实。但错就错在，该店不应该如此频繁地进行粮油促销，而且是在店铺自己打出"一年一度"的宣传语的基础上。虽然这种促销活动对店铺而言效果好，但既然当初承诺了，就应该是"一年一度"，而不是"三天一次"。就算想要再促销，也得找一个正当的名目进行。否则，顾客凭什么相信你呢？很多商家为了追求眼前的效益，而不惜断送自己品牌的长远价值，这是非常不值当的。

促销又称商品降价销售、特卖、打折销售等，是商家使用最频繁的提升销量的手段之一，也是影响顾客购物最重要的因素之一。促销看上去很简单，但商家要控制好促销的频率，从中获益却是很难的。如今，促销已成为营销战中的一把双刃剑，它可以克敌，也可能伤己。因此，要切实把握好促销的规律。那应该如何控制促销频率呢？

（1）要把握好时间

促销的时间要把握好，不能三天一次，更不能几乎每个月都在促销，频率不应过于急促，不能像事例中的店铺那样，刚促销完立刻又开始新一轮的促销，几乎没让顾客有喘息的机会。这么短时间内连续促销的方式，容易让顾客认为店铺是为了快速卖完商品，而不是真心促销，会让顾客怀疑商品的质量问题。

（2）根据自己的库存情况

促销，是消耗库存的一种方式和途径。那么什么时候进行促销呢？这得库存说了算。库存达到了一定的程度之后，举行促销活动是最为合适的。当然，如果店铺内的库存商品比较多的话，就应该在举行促销活动的时候，尽可能多地选择这些库存商品，而不是为每一种库存商品举行一次促销活动。

（3）根据相应的节日进行

如果对于店铺的促销频率无法把握好，那么不妨根据节日来进行，这样不仅师出有名，而且频率也基本上符合顾客的购买心理。当然，在进行促销的时候，一定要选定合适的促销商品，选择好促销的力度。只有这样，促销的效果才会好，才能达到促销的目的。

（4）促销要"师出有名"

所谓"师出有名"，即开展促销活动，就要找出一个合适的理由，不能毫无预兆就促销或是时常促销，这会让顾客认为不是商品积存，就是质量不好。现实中商家降价的名目通常有：季节性促销、重大节日促销、商家庆典活动促销、特殊原因促销等。另外，即使促销，也应尽量使用"折扣优惠价"、"商品特卖"、"让利酬宾"等让顾客心理较容易接受的字眼。

第 12 堂课

时间就是金钱
快速成交能力的提升

销售的目的是成交，一个店铺人员销售能力的大小决定着他成交能力的大小。要想成为一个店长式的店铺人员，就必须懂得时时刻刻对自己的成交能力进行培养，提高自己的销售水平。无论对于店铺还是对于个人，这都是非常有利的。

了解顾客所需，帮助顾客挑选

①为什么要了解顾客所需？

②在帮助顾客挑选的时候，要注意哪些问题？

③如何从顾客的言辞当中了解顾客所需？

④在了解顾客所需的过程中，要注意哪些方面的问题？

这是一种"套近乎"、获取顾客信任的方式，也是帮助顾客决定交易的方式。对于很多顾客来说，他们即使有意购买，也喜欢东挑西拣，在商品颜色、规格、式样、售后服务上不停地打转。这样一来，不仅浪费了店员的时间，甚至顾客还会因为一些小问题而终止交易，功亏一篑。因此，这个时候，店员就应该果断出击，通过热情地帮对方挑选颜色、规格、式样以及向其交代商品的付款方式、交货日期、保修和日常维修等问题来帮助顾客拿主意，一旦上述问题解决，店员的销售也就成功了。

一位年轻女士到数码商店购物，挑到最后时看着一款手机说："这款无论是颜色、款式还是内存，都符合我的要求，就是价格贵了点，请问能便宜点吗？"

店员李娇："您的眼光真好，这款是我们这里卖得最好的一款，因为我们的商品讲究质量，并且厂家统一定价，所以我们不能随便给您降价。不过如果有任何问题，一个月包换，三年保修，您可以放心使用！……"

年轻女士："是吗?"

店员李娇："是的，女士。我想问一下，您买这个手机有什么功能上的需要吗？您也知道，有些功能我们用不着的，所以也就没有必要购买，如果您能告诉我您的要求，我可以帮助您挑选一款最合适的。"

年轻女士："哦，我是准备给我父母买的，在功能上没有多少要求，只是要求屏幕大、声音大，操作方便就行了，老年人，太烦琐了他们用不了。"

店员李娇："是的，您说得很对。我觉得这款是最合适的，既便宜又实用，最重要的是它可以选择大字号，方便老年人使用。您觉得呢?"

年轻女士："是的，屏幕也挺大的。多少钱?"

店员李娇："才480元，是不是很实用啊?"

年轻女士："是的，不过这款屏幕是不是有点花了?"

店员李娇："这是我们的样机，我们马上从仓库重新拿一款还没有拆封的。"

年轻女士说："好，那就重新拿一个吧!"

了解顾客的需求，帮助顾客挑选商品，目的是为了更加快速地完成销售。在具体这么做的时候，要注意哪些问题呢?

(1) 不能流露出"嫌贫爱富"的表情

商品有低档、中档、高档之分，当然，顾客对于商品的要求也分这几种。当我们了解了顾客的需求之后，千万不能流露出"嫌贫爱富"的表情，否则就会给顾客造成一种心理上的伤害。当然，当顾客觉得受到伤害的时候，自然就会选择离开，而不是继续购物。要知道，我们之所以要了解顾客的需求，目的就是为了扩大销售。如果因为我们的了解，而导致顾客选择了离开，岂不是南辕北辙?

（2）要切实体会到顾客的要求

什么叫切实体会到顾客的要求？即在顾客提出自己的需求的时候，店员要表示赞同以及理解，并且切实帮助顾客挑选到他所需要的商品。在这个过程当中，千万不要按照自己的思维对顾客的需求进行修改，否则也会出现南辕北辙的效果。

（3）尽量尊重顾客的要求

在了解顾客所需，并且帮助对方挑选颜色、规格、式样以及向其交代商品的付款方式、交货日期、保修和日常维修等问题时，要尽量尊重顾客的要求。要记住，帮助顾客拿主意，不是代替顾客拿主意。

鼓励赞美，让交易快速实现

①为什么要对顾客进行赞美？

②如何对顾客进行巧妙赞美？

③常用的赞美语言有哪些？

④赞美的时候，可以从哪些方面入手？

几乎每个人都喜欢被赞扬，这是每个人共有的天性。尽力欣赏和赞美他人，是成功交往的重要法则，这也是很多人都知道的交往捷径。店员在销售场合可以利用赞美鼓励的方式来促进成交。

一个年轻的顾客在某服装店铺试穿衣服。

　　"好看。"店员看着正在试穿的顾客赞赏地说道，"无论是款式、颜色还是身形都感觉挺好，尤其是那个领子，虽然有点不对称，但是穿在您的身上，却有了一种别样的风采，还有这里的扣子很别致，这是这款服装专用的扣子！"

　　"配搭也很好，"店员继续说，"浅浅的灰色裤子，有点发亮却又不会太亮，时尚而不失稳重，素雅中透着前卫，再配搭上你的气质，这简直是锦上添花，您和这套衣服简直是绝配啊！"

　　"是吗？您没有骗我吧？"顾客喜滋滋地问道。

　　"……"店员故作沉吟，然后又说道，"如果您不相信，我就有点无话可说了，只能说是恰如其分，恰如其分啊！我敢说，任何人穿了这套衣服都无法达到您这样完美的效果，这套衣服完全就是为您量身定做的嘛！"

　　"哪有您说得那样好？"顾客虽然在反驳，但是脸上的笑容已经绽放如花了。

　　店员："现在要我帮忙包起来吧？"

　　"真要买啊？"顾客似乎还有些犹豫。

　　"当然要买喽。"店员夸张地说道，"难道您愿意如此适合您的服装穿在不适合的别人身上吗？"

　　"那好吧，就是它了！"顾客乖乖地掏出了钱包。

　　在具体的销售活动中，店员常用的赞美语言有：

　　先生（小姐），像您这样有品位的人，就应该适当地享受一下高档的生活，因此我给您推荐这款最时尚，也是当前最高档的产品，您看……

　　先生（小姐），一看就知道您是一个有文化的人，这个书柜您要是买回家里，绝对会给您带来更好的文化氛围，您觉得呢？……

　　这套衣服真是太适合您了，穿上它，我觉得您的气质和体形简直完美得无懈可击。当然了，要是能够再配上这个包，哇……简直没得说。

那么在对对方进行鼓励赞美的时候，可以从哪些方面入手呢？

(1) 赞美对方的眼光

每个人挑选商品时的眼光都是不一样的，有的人喜欢这样，而有的人喜欢那样。用一句话来说，眼光没有对与错，只有好与坏。所以在顾客明确表示哪种商品比较好看的时候，店员应该不失时机地对顾客的眼光进行赞美，从而提高顾客购买的信心以及情绪。试想，如果你是那个顾客，在被店员不失时机地赞美后，你是不是会选择购买他的商品？

(2) 赞美对方的品位

什么是品位？品位其实就是一种选择，一种认识。和眼光一样，没有对与错的区别，只有好与坏。特别是在顾客购买一些具有文化因素的商品的时候，"品位好"三个字就应该经常被提到。比如说在茶叶店、古玩店、字画店、图书大厦等店铺，店员就可以通过赞美顾客的品位来提高店铺的销售量。

(3) 赞美对方的见解

在店员提出一些看法的时候，顾客往往会有自己的见解。很多店员觉得顾客的见解是在反驳自己，其实不然，他只不过是表现自己的观点而已。更何况，如果这个时候，你能够给予对方适当的赞美，比如说"你的见解很独到"、"你的思维很新颖"、"你的想法很深刻"等，自然能引起对方的兴趣。

(4) 赞美对方的同伴

当你发现顾客不是一个人来，而是两个甚至两个以上人来的时候，你不仅仅要对顾客本身进行赞美，而且还要对顾客的同伴进行赞美。这样做的好处就是防止对方的同伴说一些不利于自己销售的话。

(5) 赞美对方的成功

当你看到一个光鲜亮丽的顾客时，你除了可以赞美对方帅气、漂亮之外，你还能赞美对方什么呢？其实除了这个之外，还有一种方式可以选择，那就是赞美对方的成功。特别是对于男士而言，这样的赞美是非常有效的。

巧妙设问，让顾客二选一

①什么样的情况需要"二选一"的销售技巧呢？

②为什么"二选一"的技巧能促进交易呢？

③使用"二选一"技巧时，需要注意哪些特定的环境要求？

④在使用"二选一"技巧时，有哪些话是不能说的？

很多顾客在购买商品的时候，一再地表示自己想要购买，可是又犹豫不决、拿不定最后的主意。这是人之常情，遇到这种情况，卖方不妨利用"二选一"的技巧，变相地帮助顾客拿定主意，促成最后的交易。

张女士对于自己是应该购买哪个品牌的美容化妆品并不是很确定，虽然在销售柜台已经磨蹭了将近一个上午了，店员王晓风也将近为张女士讲解了一个上午了，可是最终张女士还是不能做出最终的决定。这时王晓风在综合地介绍了这些美容化妆品的优劣之后，果断地问张女士："根据您的情况，我觉得 A 产品和 B 产品比较适合您，那么您是拿 A 产品还是 B 产品呢？要是我的话，我会选择 A 产品，因为这个更加实惠一点。"

张女士想了想，回答说："谢谢您，那就给我拿 A 产品吧！"就这样，店员王晓风很快就完成了交易。

那么为什么这种"二选一"的技巧能促进交易呢？道理很简单，这种技巧能让顾客缩小选择的范围，更加看清楚自己想要购买的商品。除此之外，这种法则还会在无形中给顾客造成一种心理压力，这种心理压力迫使顾客赶紧作决定。

那么对于店员来说，该如何更好地使用这个技巧呢？总的来说，有以下几点：

(1) 了解特定的环境需求

使用"二选一"的技巧也有一些特定的环境要求。比如说在时间上就应该适当。如果顾客对商品的理解还没有进入最后阶段，就不适合这种技巧，毕竟顾客尚未了解你到底要跟他沟通什么、销售什么，甚至对你的商品还没有产生什么兴趣，这个时候店员突然问他打算买 A 产品还是 B 产品，顾客自然不会接纳，而是会直接走掉。

(2) 抓住顾客的心理

在销售商品的时候，我们为什么要使用"二选一"的技巧呢？很关键的一个原因就是顾客无法下定最后的决心。特别是在两种或者两种以上商品之间进行选择的时候，更是容易出现这种情况。从顾客的心理角度来说，这是一种难以取舍的情况，需要店铺员工给予进一步的推荐和选择。所以说，在顾客无法下定决心的时候，如果能够给予"二选一"的机会，是非常符合顾客心理的。相反，如果你没有这么做，顾客很可能因为下定不了决心而选择放弃，功亏一篑。

(3) 使用合适的言辞

所谓使用合适的言辞是指在给予顾客选择的时候，要讲究说话的技巧，不能因为不合适的话而"吓跑"顾客。比如有的店员在看到顾客难以下定决心的时候，会对顾客说："您想好了再来买吧！""我看你很难下定决心，干脆两个一起买了吧！"

如果你说了这些言辞，等于无意中告诉顾客：你赶紧走吧，我不想为你服务了。自然，在顾客听到这些话之后，就会选择离开，而不是继续挑选。对于店铺来说，无意中又丧失了一笔生意。

（4）表明自己的态度

所谓表明自己的态度是指在给予顾客"二选一"的时候，一定要表明自己的态度，以便给顾客更明确的选择。以事例中的店员王晓风来说，她在给予张女士"A 还是 B"的选择的时候，还补充了一句：如果是我，我会选择A，因为它更加实惠。自然，如果你是顾客，就会听从她的建议，选择 A 产品，因为我们也想要更加实惠的商品。

巧用"试买"，培养顾客的信任

①什么叫"试买"？

②为什么要进行"试买"？

③"试买"的最常用方法是什么？

④"试买"的时候，要注意什么问题？

所谓"试买"是指让顾客试着买一点，一些新产品刚刚上市，顾客对于这种产品还没有信心，这个时候，为了给顾客一种购买的信心，不妨让顾客"试买"一番，只要顾客觉得质量不错，下次的交易自然也就好做了。

那么为什么要进行"试买"的活动呢？原因很简单：顾客对这个店铺或者商品不够信任。对于很多店铺来说，商品的销售必须要迈过一道坎儿，那就是顾客必须先选择店铺，然后才能选择这家店铺的商品。因此对于商品的试用来说，顾客也必须选择某个店铺，然后才选择某个商品的试用，这样一来，一个品牌商品的销售量很大程度取决于这个店铺的知名度。店铺知名度高，商品就卖得好，反之就卖得不好。

为了避开这个弊病，一些店铺营销者采用"试买"促销手段推销品牌商品，即把样品派送给目标顾客供他们试用，如果试用满意就购买，试用不满意就不购买。这样做的目的就是为了给顾客更直接的试用感觉，消除他们对商品质量的怀疑。

某品牌学习机在刚刚上市之时曾遭受很大的阻力，原因就是它是一个新品牌，在顾客心目中它的信誉力还没有建立起来，所以大家都不敢购买。

为了解决这个问题，代言这个品牌学习机的"新华"店铺专门派一批促销员到学校进行宣传促销，而促销的口号就是先试再买。和一般商品在店铺进行试用的方式不同，"新华"促销人员专门将这些学习机的试用品带到了学生们的面前，让他们现场进行试用，如果觉得好，就可以报名购买。

当然，为了给学生更多的试用时间，促销人员还专门在每个班级里面放了一个样品，这个样品由专人负责看管，比如说班长、学习委员等。任何同学想要试用这个学习机，都可以去试用，并且只要不损坏学习机，店铺不收取任何费用。这样一来，学生们就可以随意测试商品的质量，并且还能和同学交流试用的感觉。

在这次"试买"的促销活动中，这些学生总共能免费试用三天，如果在这三天时间里，有人想要购买这个品牌的学习机，则可以到负责保管的那个人那里报名，等待店铺的配货。

三天时间很快就过去了，"新华"店铺的促销员来到学校进行样品回收，并且统计要货名单。可是促销员们并没有从名单中发现可喜的情况，报名的学生寥寥无几，甚至有的班级一个都没有，这让促销员有点气馁。

正当人们在怀疑"新华"的这个促销方案是否可行的时候，学校却给"新华"店铺打来电话，说这些学生纷纷要求购买这个品牌的学习机，而他们当初之所以没有报名是因为自己口袋里没有钱，再说也要和家长商量。听到这里，"新华"店铺的促销人员深深地松了一口气！

由于消费者对一种新上市的产品不是很了解，因此这种商品刚上市的时候难免会遭受顾客的怀疑。为了让消费者打消这种疑虑，最好的办法就是让顾客"试买"这些商品，打消他们的顾虑，加深顾客对于这个品牌的印象。从这一点来说，样品派送的方案是非常有效的。

那么在进行"试买"的时候，要注意哪些问题呢？以下几点不妨参考一下：

（1）"试买"的商品质量一定要可靠

所谓"试买"，目的就是让顾客打消对自己的疑虑，对自己的店铺、商品产生信任。但是这样做有一个前提：顾客"试买"的这些商品必须是质量可靠的，否则一旦出现问题，顾客对店铺、对商品的印象就会大打折扣。甚至，以后再也不会选择购买和使用。

（2）"试买"时的承诺一定要兑现

很多店铺的样品试用之所以不被消费者看好，就是因为店铺在活动之初宣传的时候说是免费的，可是在真正试用的时候却以各种各样的理由来刁难消费者，要求消费者付费，这种前后不一的态度会让消费者对这个品牌、对这个店铺产生反感。因此，既然店铺承诺了免费试用，那么就一定要免费，否则，不但促销不能成功，反而还会招来顾客的更大怀疑。

（3）选择好"试买"的目标顾客

使用"试买"的方法对店铺的商品进行销售是需要一定的成本和投资的，但是我们也知道店铺的经费是有限的，所以在选择"试买"目标顾客的时候一定要到位，只有把有限的"试买"资源切实放到目标顾客手里，才能带来最大、最好的效果。就像事例中的店铺一样，学习机的目标顾客就是这些学生，所以把这些"试买"的机会留给学生的做法是对的，自然效果也是非常好的。

利用好紧迫感，催促成交

①顾客购物时，是否都有怕买不到的心理？

②如何利用顾客的这种心理进行销售？

③在利用这种方法时，要注意什么问题？

④如何把握利用这种心理进行推销的时机？

顾客在购物的时候，除了有贪小便宜的心理之外，往往还有一种越是得不到就越想得到的心理，其实在销售活动中，店员可以利用人们的这种心理来达到促成交易的目的。比如说利用顾客怕买不到的心理来刺激顾客，用最短的时间来完成交易，这就是利用紧俏的方法来催促顾客。

在某鞋店，一位顾客正在试穿一双鞋，但是她似乎还没有真正下定决心购买。

顾客："我确实很喜欢这双凉鞋，可是价格确实也不低，所以我还想考虑一下。"

店员："您说得很对，但是这种号码的鞋只有最后一双了，我看很适合您。您穿上感觉怎么样，舒服吗？"

顾客："很舒服！"（正在考虑购买）

店员："这就对了，能买到一双真正合脚的鞋子确实很不容易，再说这是过季的鞋，如果卖完就没有了，假如您先到别处看看再回来，恐怕这双鞋已经被别人买走了，那时您就该后悔了。所以我劝您还是不要犹豫了。"

顾客："好吧，我听您的，买下了！"

很显然，在店员"最后一双"、"买不到"、"后悔"等字眼的影响之下，顾客很快就"缴械投降"了。可以说，最后之所以能够成交，和店员利用紧迫感的推销技巧是很有关系的。那么在利用这种技巧的时候，要注意哪些问题呢？

(1) 明确顾客确实喜欢这个商品

如果顾客不喜欢这个商品，那么店员再怎么使用紧迫感的技巧，顾客也是不愿意埋单的，为什么？因为你这个商品是不是最后一件和他一点关系都没有。就像小品里所说的一样：青春痘长在别人脸上自己不担心。

相反，如果顾客真的喜欢这个商品，那么就会产生怕买不到的心理，这个时候再使用这个技巧，效果就会非常明显。

(2) 讲究诚信，不能欺骗顾客

使用这种催促的方法确实能大大地提高销售的效率，但是有一点要切记：使用这种方法，店员一定要诚实，绝不能欺骗顾客，即店员所说的话一定要有凭有据，不能信口开河，否则一旦顾客发现被欺骗，不但不能成交，而且会失去顾客的信任。

就像这个案例中的店员一样，跟顾客说了是最后一双这个号码的鞋子，那么就应该是最后一双，而不是为了"吓唬"顾客而瞎编出来的。试想，一旦顾客发现了店员撒谎的行为，她会怎么办？会有什么样的心理反应？

（3）讲究利用紧迫感推销的时机

当然，要想利用这种方法也要注意时机。最佳时机包括：

当摆放在柜台上的商品的剩余数目不多时，那么不妨利用这个时机催促顾客一番，让他们尽快地下定决心。

商品有销售时间限制或者赠品有时间限制的时候，让顾客尽快决定，否则不是买不到这样的商品就是拿不到商品的赠品。

当然，还有一种情况就是顾客处在两难境地，比如说顾客舍不得买，又不想放弃的境地，遇到这种情况，店员同样可以利用这种技巧来催促顾客完成交易。

欲正人先正己
自我塑造能力的培养

　　一个优秀的店长就像一个灵魂人物，不仅能够顺利地开展各种店铺活动，而且能够获得店员的尊重和爱戴。那么对于一般店长来说，如何铸就自己的灵魂呢？修炼，是唯一的选择。通过自我塑造能力的培养，改变自己，提高自己。

优秀店长的四种心态

①店长心态对于店铺来说的重要性在哪里？

②优秀店长的四种心态分别是什么？

③这四种心态分别有什么意义？

④如何修炼这四种心态？

对于店铺的发展来说，哪些方面是非常重要的？当问到这个问题，或许很多人脑子中一闪而过的是店铺商品的质量、服务、促销等，其实除了这些问题之外，还有一个非常重要的方面：店长的心态。为什么这么说呢？店长的心态对于店铺来说，其重要性在哪里呢？总的来说，在于两个方面：

第一，影响店员。店长心态不好，店员心态肯定也不会好到哪里去。举个例子来说，如果店长是个急性子，脾气火暴，那么店员也会表现出类似的情况。相反，如果店长是个温和的人，那么店员也是一副温和的样子。

第二，影响顾客。在很多时候，店长都要和顾客直接面对，特别是在处理一些投诉问题的时候，更是如此。如果店长本身的心态不好，不要说能够处理好这些投诉问题了，顾客都要被他得罪。

无论是影响了店员，还是影响了顾客，对于店铺的发展来说都是一种影响。所以说，店长心态对于店铺的发展来说，至关重要。

王阿姨到海南旅游，在逛完了计划的旅游景点之后，亲戚们准备到附近的商店逛逛，看看有没有合适的礼物，也算是不虚此次海南之行。在逛街的过程中，因为王阿姨穿新鞋的缘故，脚后跟的皮被弄破了，使得王阿姨除了脚不舒服之外，心里也更加不愉快。后来逛到了一家服装店，王阿姨终于可以小歇一下……

王阿姨："不好意思，请问店里有创可贴吗？"

店长："请问您怎么了？受伤了吗？"

王阿姨："嗯，脚后跟破皮了！"

店长："那一定很痛喔，可能是穿新鞋走路的缘故，店里刚好没有创可贴，真的很不好意思，您稍坐一下休息一会儿！"

亲戚："不然我们找个地方休息好了，王姐脚也不方便继续逛了！"

于是王阿姨一行人离开服装店，走了大约100米左右，后方传来一阵阵呼唤的声音，原来是那位女店长气喘吁吁地跑来。

王阿姨："店长，这么急跑来，请问有什么事吗？"

店长："是这样的，这里有两片创可贴，是我到隔壁借的，因为我怕您的脚受伤走路不方便，所以特地为您送过来。"

王阿姨："谢谢！"

店长："来，我们先找个地方坐下，我帮您把伤口贴上！"

王阿姨："这怎么好意思，我自己来就可以了，谢谢您！"

店长："没事，这是我应该做的，各位都是第一次来海南玩，我更应该尽尽地主之谊呀！"

王阿姨："那就谢谢您了，真不好意思！"

于是店长亲自蹲下来帮王阿姨把伤口用创可贴处理好，最后还多拿出两片消毒湿手巾给王阿姨使用，并目送王阿姨一行人离开。

很显然，事例中的这个店长心态就非常积极。虽然王阿姨一行人并没有在她的店铺消费，但是她还是如自己所说，尽到了地主之谊，给王阿姨一行人留下了深刻的印象。自然，如果有可能的话，王阿姨一行人就会在这个店长的店铺内消费。我们不妨试想一下：这位店长用同样的心态来面对本地人，那么将会产生多么大的反响？这个店铺的收益将会以什么样的速度增长？

那么对于店长来说，哪些心态是优秀的呢？这里列举了其中的四种：

(1) 积极

店长自然会面对挑战性目标，面对激烈的竞争，店长的压力是最大的。正是这种压力，推动了门店的经营发展。作为店长，无论遇到什么困难和压力都不能在店员面前抱怨，因为自己的情绪会感染全体店员。当店长满腹牢骚时，店员已经有了完不成目标的借口。

如果店长是一个积极乐观的人，自然会产生一种吸引力磁场，吸引着同样积极乐观的人，为自己创造好的境遇，他们会支持你和你的目标。相反，如果你是一个负面悲观的人，就会产生排斥磁场，把身边积极乐观的人都赶走，甚至将有利的环境都排斥掉了，而去吸引一些同样悲观的人，将自己陷入不利的环境中。

所以说，积极的心态具有感染力，能够传递给店员。俗话说，近朱者赤，近墨者黑。当店长是一个积极乐观的人时，那么与其一起共事的店员一定也会受到影响，变得积极起来。一个拥有积极心态的店员，也必定能如店长一样自信、感染人，有梦想。

(2) 耐心

耐心，是一种主导命运的积极力量，而不是向环境屈服。作为店长必须要具备耐心的品质，因为只有具备了耐心，才能专注于自己的目标，不会因为一次、两次的失败而退缩、放弃，才能最终走向成功。

对于店长来说，耐心应该体现在两个方面：

第一，耐心倾听店员的声音。倾听时，一般要做到少讲多听，不要打断对方的讲话，给对方一个充分的时间来表达自己的意思；设法使交谈轻松，使倾诉的店员感到舒适，消除拘谨；店长要表示出有聆听的兴趣，不要表现出冷淡与不耐烦；尽量排除外界干扰；站在店员的立场上考虑问题，表示出对店员的同情；控制情绪，保持冷静，不要与店员争论；巧妙地利用时机提出问题以示你在充分倾听和求得了解；不要计较店员口气的轻重和观点是否合理。

第二，耐心培养店员。每一个店长都希望自己的店员能更快成长起来，进而可以独当一面，这种急迫的心情完全可以理解。但是，培养是一个逐渐引导、慢慢渗透的工作，不能今天培训了，明天就立刻变了样子，所以店长一定要有足够的耐心。

(3) 开朗

作为店长，一定要活跃，要开朗，不要每天板个脸摆老板的架子；做事情不要带情绪，每天要开朗积极地穿梭在店员和顾客之间，让你开朗和优质的服务感染大家，使工作的一天成为快乐的一天。只有轻松的氛围才会让店员积极，让顾客舒服。如果你不活跃不高兴，你的店员就会压抑，就会把情绪带到工作中来，就会影响服务和工作效率。所以管理者的开朗很重要！

(4) 包容

作为店长要有"宰相肚里能撑船"的胸怀，对店员在工作中造成的麻烦和干扰，多一些理解和包容，并且给予正确、积极的引导。

一位心理学家说过，如果店员能在完全放松、一点儿也不紧张、没有杂念的状态下工作，就能发挥他应有的能力。要使人进入这样一种精神状态，固然要靠其自身的精神境界和自控能力，但是领导者使其增扩心理容量，创造一个宽松、和谐的外部环境也至关重要。

那么对于店长来说，该如何保持好心态呢？常用的方法有以下几种：

对着镜子微笑训练法：每天早晨，站立在镜子前，把自己从头到脚打量一下，保证整洁、干净、利索，然后进行调整呼吸，对着镜子盯着自己的眼睛和脸，开始微笑，反复两次。每天都要进行，逐渐就可以塑造良好心态。

自我暗示法：不管任何时候，都要时刻提醒自己要微笑、积极，声音甜美，暗示自己要带给别人快乐、积极向上的一面。

讲笑话法：多找一些笑话，并且记住，然后讲给别人听，让自己快乐的最好方法就是别人能够快乐。

自我享受法：学会享受生活，学会犒劳自己，或者吃一顿大餐，或者送给自己一份礼物，或者浇浇花、养养鱼，这些生活的美好，也会感染你变得更快乐。

劣质店长风格的四种类型

①劣质店长对店铺可能产生的负面影响有哪些？

②如何判断一个店长是否是劣质店长？

③"大哥大"型的店长有什么不好之处？

④和事佬型店长有什么不好之处？

所谓"劣质店长"，是指在某些方面做得不够好的店长。比如说在店员管理上不够好、自身管理上不够好、促销能力不够好……他和优秀店长正好相对。如果让这些劣质店长充当一个店铺的顶梁柱，会给店铺带来很大的伤害。这些伤害主要表现在两个方面：

第一，伤害店员的工作积极性。店长不够优秀，店员的工作就会受到负面的影响。最重要的是，店员工作的积极性会受到影响，以至于出现人才外流的情况。对于店铺来说，这种损失无疑是巨大的。

第二，损害店铺在顾客心目中的形象。店长不够优秀，自然店铺的管理工作就做得不够好，那么在顾客看来，这个店铺的形象就有问题。如果顾客还有第二选择的话，就绝对不会再到这个店铺购物、消费。自然，对于店铺来说，这种伤害也是巨大的。

某超市大卖场的店长王先生在工作中发现，让店员小李做一件对于他来说可能存在一定难度的事情，比如让他制订一个产品促销方案，真的是一件非常困难的事，往往需要一而再、再而三地反复，在此过程中，店长王先生虽然表现得和蔼可亲，但小李还是觉得王先生不够贴心，甚至还口出抱怨。无奈之下，王先生果断决定不再"麻烦"他，而是自己亲自动手，让他感到轻松，自己也不用那么累。

由此及彼，当其他店员做事碰到困难时，王先生往往会自己承担起来，替店员去做，帮助店员渡过难关。王先生觉得自己这么做，肯定能获得店员的好感。可是事实却正好相反：店员们对王先生的辛勤付出并不买账，而是说他不给自己机会、没有让自己的能力获得提高……对此，王先生觉得自己很委屈：我到底做错了什么？

所以说，一个劣质的店长是一个店铺最大的威胁，要想让店铺获得发展，首先就应该保证这个店长是优秀的。那么我们该如何判断一个店长是否优秀呢？有一个非常有效的方法：看看这个人的周围是否有人才。如果一个店长足够优秀，那么他身边就会有一些人才围绕；相反，如果没有人才，那么就意味着这个店长不够优秀。

那么在我们周围，哪些劣质店长是比较常见的呢？有以下四种：

（1）"大哥大"型店长

"大哥大"型店长，说一不二，永远都是自己说了算，完全依靠权力管理店员，而且还带有一点江湖义气。这种店长一旦听到店员有不同的声音，就会暴跳如雷，用压力让店员不要产生别的念头。而对于一些总是服从自己的店员，即使有时候犯点儿错误，也会容忍、袒护，只做轻描淡写的提醒。

自然，遇到这样的店长，一些店员即使有想法、有意见，也只能是自己消化，不敢提出来。这样就会在店铺内形成一种不良的气氛。可想而知，这样的店铺如何能获得发展？

作为一名店长要想获得高超的驾驭部属的能力，就必须在店员面前建立自己的威信。店长要想建立自己的威信，单靠权力及暴力是无法实现的，关键还得有一些使大家从内心为之折服的东西，而不仅仅是压力及令人生畏的权力。

（2）和事佬型店长

在店铺的经营管理中，店长难免会遇到店员与店员之间，店员与自己之间的矛盾冲突。此时，为了调节纠纷，消除矛盾，有些店长认为团队团结为大，多一事不如少一事，于是不顾原则，集中精力防止冲突危害到店员之间的关系，这样的店长是和事佬型店长，而这样的团队可能暂时实现了和谐、融洽，但下次类似的冲突也许就在明天，那么你如何应对得了？因此，作为店长一定不可隐藏冲突与真相，做和事佬也仅仅是暂时的取悦方法，最后却会陷入一种无法挽回的恶性循环。如果你想当和事佬、老好人，怕得罪人，那就不要做管理者。

（3）传声筒型店长

传声筒型店长虽身为店长，但对于店铺或总部交代的任务只负责照本宣科地传达，不加分析，不提建议，不予指导，也从不过问执行后的结果，更无追踪可言。其实，合格的店长不仅要下达命令，交代任务，还要多花一点时间聆听店员的解决方案，并动用自己丰富的阅历和犀利的判断力，帮助店员预见可能出现的问题和风险，优化解决方案，规避风险或者说为风险的到来做好心理准备。在工作安排了以后，还要了解相关执行情况、碰到的问题、解决方案等。另外，除了监督工作进展情况外，还要做好店员的心理平衡工作。如任务临时发生了改变，就要及时向店员做出解释，以尽量减缓店员情绪。另外，对于执行过程、结果应及时向总部反馈。对于一些反响比较大，可能造成的严重后果事项，更要及时报告，寻求有效的对策。

（4）超级明星型店长

超级明星型的店长，表面像明星一样光鲜亮丽，万人敬仰，但是背后却是无人知道的辛苦与忙碌。在超级明星型店铺里，我们会看到这样的情景：除了店长最忙之外，其余的全都是看好戏、喊加油的人。因此，超级明星型店长要想不那么累，必须学会授权。

适当授权已经成为店长必须具备的素质之一。授权的前提就是信任，相信你的店员。尽管店员在某些事情上不如自己专业、有经验，但是必须相信他们会慢慢做好，而不是怕他们犯错误，凡事都自己包揽，那么店员永远将得不到进步，你也永远只能什么事情都要自己做，自己受累。当然，在店员完成的过程中要做好监控和反馈工作，及时地帮助他们纠正实施过程中的问题，并积极为他们提供必要的帮助。这样，店铺才会更加耀眼夺目。

店长应放弃过于自我的心态

①为什么店长需要自我一点？

②为什么店长不能太自我？

③如何让店员具备主人翁的精神？

④店长应该具备哪些管理素质？

如果一个店长不够自我，则很难真正领导店员进行一系列的销售活动。因为我们知道，没有一定的自我意识是很难做好领导的工作。但是我们也应该明白一个道理：凡事过犹不及。对于店长来说，过于自我，同样不会给自己带来好的结果。就像下面事例中的安丽店长一样，因为过于自我而使得她经常用自我感觉来代替店员的想法，最终不得不下马。

安丽是一家店铺的店长，刚刚到店铺两年，因为工作表现出色，深得店铺老板赏识，从一个普通的店员摸爬滚打到现在这个位子。安丽对自己的要求非常严格，甚至放弃了谈恋爱的时间，她的口头禅就是"店铺事儿再小也是大事，个人事再大也是小事"。当了经理后，她更加拼命，同时也希望她的店员能像她一样废寝忘食地工作。

她要求店员比正常上班时间提前半小时，每天开早会，店员各自汇报当天的工作内容，并对昨天的工作做出总结与评价；每天下班必须晚走，即使没有事情，也要待至少半小时，有时候一加班就到晚上 11 点、12 点；要求店员上班不得闲聊，不得接打私人电话、不得做与岗位工作无关的事情，所有时间都得用在工作上……

一旦发现店员不遵守她制定的制度，她就会找这位店员谈话，严重者就与业绩挂钩，该罚就罚，该解雇就解雇。除此之外，店员们根本没有正常的节假日，只要她的一个电话，所有店员都必须来上班，以满足她工作的需要。

在她的领导下，下属店员总有做不完的工作，即便有些工作没有任何意义。她的这种做法逐渐地招来了全体店员的不满。她们抱怨自己完全没有私人的空间，随时都被管理和监督，好像自己被卖给了店铺，身心受到严重的限制，精神快要崩溃了。后来，安丽更加变本加厉地占用店员们的个人时间，有一位店员终于忍无可忍，当面提出对她不满，不想后来这位店员的当月工资就被扣掉了一半，而且还给了看似明确而合理的原因。

随后，店铺老板开了一个全体店员大会，在会议上店员终于爆发了自己的情绪，把对安丽的不满都一一提了出来。显然店员被尊重的需求没有得到满足，安丽的工作也因此陷入了被动，士气低落、效率下降、人员流失、管理混乱等，不久她被撤职调离。

由此可见，安丽之所以被撤职，原因不在于她的能力不足，而在于她没有具备基本的管理素质，以至于让自己的管理触怒了店员。一个店长，对自己要求严格、对店员要求严格都没有错。但凡事都要适可而止，更不可强制。事例中的安丽一切努力都是为了店铺，但是因为她的管理不当，而招致了店员的不满，所以，作为店长一定要具备基本的管理素质。

那么优秀的店长需要具备哪些基本的管理素质呢? 总的来说, 有以下几点:

(1) 丰富的管理学理论

店长只有具备丰富的管理学理论基础, 才能更有效、更科学地指导和管理店员。可是在现实生活中, 很多店长都是由一些普通店员提拔起来的, 虽然在经验方面比较丰富, 但是在理论方面则比较缺乏。显然, 让这样的人当一个店铺的家是不太合适的, 至少不是最好的选择。毕竟, 理论指导实践, 通过掌握科学的管理学理论, 建立适合本组织的可复制的管理体系, 是优秀店长的必备素质。

(2) 有效的执行力

"光说不练假把式, 光练不说傻把式, 又说又练才是真把式。"作为店长, 必须要具备有效的执行力。在店铺的管理过程当中, 经常会遇到一些脑子比手快的人, 这些人什么都想到了, 但是最后没做, 也只是枉然。作为店长, 应该及时发现问题, 分析问题, 并且有效地解决问题, 这样才能提高店员的能力, 促进店铺的发展。

(3) 令人尊敬的人格魅力

店长的管理素质除了要具备执行力之外, 还要提高自己的人格魅力。因为只有一个具备人格魅力的领导, 才能打动店员、吸引店员, 赢得他们的依赖和信任。一个店长的人格魅力可以表现在多方面, 比如亲切、宽容、正直、严谨、有学识、守信用等。尤其是亲和力, 更是一种感召力、凝聚力。许多情况下, 店长个人品德、情操产生的亲和力与管理权力所产生的效力成正比, 即亲和力越强, 店员对你的管理越配合、越积极; 反之, 亲和力越弱, 管理所产生的效力越弱。

(4) 创新的管理思路

优秀的店长必须要有创新的管理思路, 绝对不能人云亦云。仅仅做好手头的工作，并不需要太多的管理思路，但如果要带领团队去获得更新的成果、创造新的价值，则必须要有创新的管理思路，能想常人所不能想，能不断地有新的思维火花出现。

(5) 优秀的人际协调能力

一个合格的店长，必须具备优秀的人际协调能力，而最主要的就是说服他人的能力，既能向上要资源，又能向下要成果。店长的日常工作之一就是人际关系：工作计划的传递、执行困难的反馈、日常经营的现状都必须在人与人的沟通中反映出来，更要在沟通中不断地加以解决。而一个合格的店长就应懂得如何营造融洽欢畅的气氛，如何运用方法进行协调，最终说服他人、解决问题。

沟通的"80/20"法则

①什么叫沟通的"80/20"法则？

②为什么沟通能力对于店长来说如此重要？

③沟通的原则有哪些？

④店长该如何有效地和店员沟通？

我们都知道，无论是对于店铺，还是对于店铺中的人员来说，沟通都是非常重要的。作为一个合格的店长，不仅应该认识到这一点，而且还应该切实提高自己的沟通能力。说到店铺人员的沟通，我们不得不提到沟通的"80/20"法则。所谓沟通的"80/20"法则，是指80%的管理成效来自于20%的沟通。由此可见沟通的重要性。相反，如果一个店长没有和店员沟通好，就很有可能让店铺陷入困境之中。

　　方海，在大学里主修人力资源管理。在将近一个月的面试后，最后选择了一家规模适中、发展速度很快的店铺，最重要的是该店铺的人力资源管理工作还处于尝试阶段，如果方海加入，他将是人力资源部的第一个人，因此他认为自己施展能力的空间很大。

　　入职后，方海才知道原来该店铺是一个典型的小型家族店铺，店铺里的重要职位大多都由经理的亲戚担任，而这些位居高层和中层的领导却对管理一无所知，在他们眼里，只有业务，只有技术。最重要的是，他们认为只要能赚钱，其他的一切都无所谓。看到这样的情况，方海更加觉得自己应该快点改善店铺的现状，发挥自己的专业能力，因此在到店铺的第五天他就拿着自己的建议书走向了经理办公室。

　　"店长，我到店铺已经快一个星期了，我有一些想法想和您谈谈，您有时间吗？"方海说。

　　"来来来，小方，本来早就应该和你谈谈了，只是最近太忙了。"

　　"店长，我来店铺已经快一个星期了，据我目前对店铺的了解，我认为店铺在管理上缺乏规范和力度，主要有职责界定不清、店员的自主权力太小，致使店员觉得店铺对他们缺乏信任；店员薪酬结构和水平的制定随意性较强，缺乏科学合理的基础，因此薪酬的公平性和激励性都较低。"方海把这周自己发现的问题都向经理做了汇报。

　　店长听完后，慢慢地说："你说的这些问题，店铺的确存在，但是你也看到了，店铺一直在赢利，这说明我们店铺目前实行的体制还是有它的合理性的。"

"可是，这样的管理制度是有弊端的，非常不利于店铺将来的发展，许多家族店铺都是败在管理上的……"

还没等方海说明，店长就说："好了，那你有具体方案吗?"

"目前还没有，这些还只是我的一点想法而已，但是如果得到了您的支持，我想方案只是时间问题。"

"那你先回去做方案，把你的材料放这儿，我先看看然后给你答复。"说完店长的注意力又回到了研究报告上。

方海的热情一下子从 100 摄氏度降到了 0 摄氏度，他感到了失落，他似乎已经预测到了自己第一次提建议的结局。果然，方海的建议书石沉大海，店长好像完全不记得建议书的事。事情也正如方海所预言的那样：虽然店铺在前段时间情况良好，但是不久之后就陷入了困境之中，濒临关门倒闭。

在事例中，方海满腔热情地想把自己的所学应用到实践中去，从而获得成就感。可是店长却没有认识到方海的特点和需求，过分强调方海缺乏实践经验的一面，对方海的行为做出了消极的反馈，不仅使得方海的积极性受到挫伤，而且最终店铺也陷入困境之中，这就是沟通不到位所产生的后果。对于这个后果，方海的店长要承担绝大部分的责任。

沟通是组织管理的一个重要方面。良好的沟通可以稳定店员情绪，降低离职率，提高店员满意度和归属感，并可营造团结和谐的组织氛围等。当然，前提是店长在沟通的时候要遵循沟通的五个原则：

(1) 尊重原则

在沟通中，店长一定要明白双方的地位是平等的，无论是讲话的语气、语调，还是在沟通时的一些举动，都要首先保证尊重对方，尤其是绝不能打断对方，这样才能进行沟通。否则，会令店员产生反感。沟通是双方活动，只有感情上的沟通，才谈得上信息的交流。

(2) 双向原则

沟通不是一个讲，一个听，你要讲，更要听对方讲，只有沟通双方表达出各自的想法，这样才能从根本上发现问题并及时找出问题存在的原因，有效地解决问题，而这也正是沟通的目的。因此，如果沟通双方只是一方积极，而另一方消极应对，那么沟通是不成功的。

(3) 理性原则

沟通中，一定要避免带有私人情绪，要理性对待。因为带有情绪的人，往往连自己都理不清思路，更谈不上给别人讲明白了，否则当对方反复询问时，很容易因冲动而失去理性，不理性只有争执的分，不会有好结果，这种沟通无济于事。而冲动下做出的决定，也将是冲动的、不正确的，很容易让事情不可挽回，令人后悔。

(4) 换位原则

在沟通中，光说不行，光听也不行，既要听也要说，还要积极思考。每个人因自身地位、经历、环境的不同，对事情的看法也不可能完全一致。作为店长，不要光从自身出发去考虑问题，还要从店员的角度去考虑问题，多了解店员的看法并听取他们的建议，从他们讲话或行为的动机去考虑，才能真正理解对方，得出的结论才能更符合实际，沟通才会更加顺利地进行，并取得更好的效果。

(5) 不妄断原则

在你表达自己的意见和态度之前，一定要先听完说话者的想法。在别人说话时不要试图去猜测对方的意思，等到他讲完，你自然就一切都明白了。打断别人的讲话，妄下结论，既是不礼貌的行为，也是自以为是的表现。这种行为极易遭到对方的反感，对后续的沟通工作极为不利。

处于管理核心地位的 "自管"

①什么叫 "自管"？

②为什么管人之前要 "自管"？

③不信任店员的后果是什么？

④以权压人的后果是什么？

所谓 "自管"，顾名思义就是自我管理。对于店长来说，要想管理好店员，首先得管理好自己。正如人们常说的那样：先管理自己，再管理别人。为什么这么说呢？原因很简单：一个连自己都管理不好的店长，又怎么能够管理好别人呢？

王鑫山在一家店铺做销售两年，工作期间表现非常出色，为店铺介绍来了很多客户，创造了不少业绩和利润。但由于对设计的爱好，他决定离职主修设计课程。但令他费解的是在离职前一天，店长在未告知的情况下，封掉了他使用的店铺邮箱，并告诉一直以来与他联系的客户：王鑫山已离职，请与本店店长联系，联系方式……

很显然，店长的这种行为让王鑫山觉得非常意外，也非常愤怒。这令原本想继续义务为店铺介绍业务的他，大跌眼镜，哭笑不得。更重要的是，店长的这种做法也惹怒了其他尚且在职的店员，他们纷纷汲取王鑫山的教训，没有把客户的资料保存在店铺的电脑里，而是放在了家里，以防遭到店长的

234

"偷袭"。

很显然，在这种不信任氛围的影响下，店长发现自己再也管理不了店员了，甚至有些店员还以此为借口来拒绝他的管理。无奈之下，他只有灰溜溜地离职。

那么对于店长来说，在进行自我管理的时候，要注意哪些方面的内容呢？总的来说有以下十项：

（1）信任店员，不要疑神疑鬼

不相信店员，疑神疑鬼，是店长致命的一点。如果店员感到天天都在被监视、被审查，他们会觉得无比紧张，甚至反感，而每天的注意力也将放在与监视作斗争上，哪里有心思工作？

信任是沟通与合作的基础，信任更是尊重店员的表现，只有信任、尊重他们，才能激起他们对工作的热情和对组织的感谢，才能使他们更好地为组织发挥个人作用。

信任你的店员，会点燃他们工作的激情，鼓舞士气，大家齐心协力，没有战胜不了的对手，攻不破的山头。疑心你的店员，会使你的气度更小，胸怀更窄，事业更局限，成为事业发展的致命软肋，影响你和店铺的发展成长。店员与店长同心协力，无坚不摧，会创造更大的辉煌。

（2）提高魅力，不以权压人

对于店长来说，一定要明确：权威是"权"，更重要的是"威"。店员对你尊重、服从是因为职权的"威势"，而并非因为你个人。作为店铺的店长，你的职位不等于你已经具有可以指挥店员的权威。只有能做到权衡得失，明智决断，理顺事务，协调运营的店长，才是让店员们敬畏的威望型店长。而那些颐指气使，态度粗暴，唯我独尊，大权独揽的店长有些时候尽管业绩不错，但终将因失去店员们的支持，而被淘汰出局。

(3) 分析原因，不能只看结果

很多店长喜欢说一句话"我只要结果，不要和我谈过程"，言外之意，只要拿来一个让我满意的结果就行了，这其中必然产生店员行为的扭曲，包括店员行为过程与绩效结果的异化。作为店长，我们是否仔细分析过背后的原因呢？在我们只看重结果，致使店员对结果的重视往往大于其他，包括店铺制度、店铺文化以及品牌影响，他们不惜一切去完成你所要的结果，往往却给店铺造成了更大的损失和影响。

另外，如果店长过于重视结果，就会对店员的失误，轻则训斥，重则罚款、辞退。于是，无形中给店员一种压力，让店员谨小慎微，不去犯错误，但同时，一旦犯下错误，则用各种方法隐藏、弥补；如果最终无法弥补，那么就选择主动走人。

(4) 因材施管，不要"一视同仁"

对店员的管理，我们经常听到的一句话就是："我对他们都是一视同仁。"这句话听起来或许很好听，但实际上并不实用。对店员一视同仁，就是将所有的店员一概而论。凡是试图以同一种方法去管理每个店员的店长，必定不会成功。而优秀的店长需要掌握店员的个性差异，认清每位店员的优缺点，因人而异，因材施教，对店员采取个别管理原则。

(5) 改变心态，不能没事找事

在店铺的日常管理中，很多店长经常"没事找事"——即看到店员没什么事情做就感觉不舒服，一定要想办法给店员找点事情做，即使这件事毫无益处。一旦被店员发现是没事找事，店员必定只会做表面文章，磨洋工，这是店员产生厌烦情绪后的消极抵抗，更是对资源的浪费和对既定工作流程产生混乱性冲击的隐患。对于没事找事的行为，店长应该做一下反思：检视自己在愿景设置、热情激发、制度建设、文化塑造等方面的职责是否履行得到位，以便有针对性地提高与改进，尽早脱离这种非正常的状态。

（6）勇于承担，不能推卸责任

一个店长推卸责任，是不负责任、不敢承担的表现。这不仅对自己毫无益处，而且还会影响店员对自己的印象。成功的店长，除了自身的领导才能之外，实际执行还是靠店员去实施，但若把工作中的所有业绩，归功于店员，可能会把自身形象贬低。处于是功是过的关头，作为店长应该清醒地认清自己的处理方式，该推举店员时必须尽最大可能荐举，而店员的无心之失，不妨大方地自己承担。

（7）做好伯乐，培养人才

借用一句非常经典的台词：21世纪什么最贵？人才。作为店长，不一定要有很深的销售知识，但一定要懂得识人才、用人才，当好人才的伯乐。只有不断地增加人才，提高人才素质，店铺才能有源源不断的动力、创造力，才能在市场上具有更强的竞争力。然而，如果一个店铺既没有人才的引进，又没有及时地培养人才，那么店铺必然会原地踏步，停滞不前，最后在市场的激烈竞争中消失，因为它不具备生存下来的基本条件，即拥有人才。

（8）积极上进，不能打击自信心

在管理中，许多店长经常用言语、行动以及表情，伤害甚至是扼杀了店员的积极性、创造性。比如说以下几句话就是这些店长最常用的句型：

"你能行吗？算了，还是我自己来吧……"

"这么点小事都做不好……"

"你怎么回事，又犯错了？"

"他做事让人不放心，交给他的任务，没有一次做好过。"

"他不是专业做这个的，还是让专业的人来做吧。"

"我看他没戏。"

每个店员都有无限的潜力，只要你能挖掘出来，并让其为你所用，那么必然会创造更多的价值。而挖掘店员潜力的办法很简单，那就是多一点鼓励，少一点指责；多一点支持，少一点怀疑；多一点亲切，少一点冷漠。

(9) 遵守规则，不要坏了规矩

制度一旦推出，就具备一定的刚性，触犯者要为此付出相应的代价。这样才可能让触犯者得到教训，认识到制度的严肃性，同时让那些对触犯制度抱侥幸心理的店员引以为戒，最终让店员形成自觉遵守制度的习惯。

然而有些店长却在店员违反了规章制度的时候，睁一只眼闭一只眼，可是，一旦坏了规矩，以后的事情就难办了。更糟糕的是，一个自律的店员在一个管理混乱、大家都不把制度当一回事的店铺里，时间长了也会变成一个不把制度当回事的店员。

(10) 到位管理，不要越级管理

店长，在管理中不要犯越级指挥的错误。因为，每一级、每个部门人员都有自己的管理职责与任务，如果店长过多过细干涉，则很容易打破正常的管理秩序。另外，对于店员来说，直接领导说向东，而店长说向西，前后指令不统一，会令他们无所适从。

第 14 堂课

"冤家"易解不宜结
----- 投诉解决能力的培养 -----

对于店铺来说，顾客的投诉是一种"阵痛"，虽然不会直接致命，但如果处理不好，"伤筋动骨"还是有可能的。对于店铺的店长来说，要想避免这种情况的发生，最好的办法就是提高自己对顾客投诉的解决能力，消除这些"阵痛"所带来的威胁。

了解投诉，消除与顾客的对抗

①顾客上门投诉的主要原因是什么？

②店铺当中，常见的投诉有哪些？

③如何快速处理好顾客关于质量的投诉？

④如何快速处理好顾客关于服务的投诉？

所谓了解投诉，不仅是指要知道投诉会对店铺带来什么样的伤害，而且还要知道投诉产生的深层次的原因。因为只有这样，你才能真正消除因为投诉而带来的对抗。遗憾的是，在很多时候，很多店员并没有意识到这一点，而仅仅是把投诉当成顾客的无理取闹，始终以一副拒绝的姿态来面对顾客的投诉，自然不仅解决不了投诉，而且还会导致顾客的对抗越来越强。

某洗衣店的店员某天遇上了一位比较"麻烦"的顾客，原因是顾客前几天放在店里清洗的羊绒衫，洗完拿回家后一看，发现衣服竟然起球了。很显然，顾客对于这样的结果是非常不满意的，于是怒气冲冲地到店里投诉，要求店方进行赔偿。

当然，对于顾客的这种要求，店员也是不会答应的。毕竟衣服起球很有可能不是清洗的原因，而是衣服本身质量造成的。

在遭到拒绝之后，顾客就扬言要到消协投诉。店员以为顾客只是说说而已，就不经意地说："你说这是羊绒衫，谁知道质量到底怎么样，说不定你买时就被人骗了。"

顾客本来想若是店员态度好也就算了，谁知道竟然得到这样不负责任的回答，还指责她买的不是真货，一气之下，不仅真的打了消协的电话，而且还和店员吵了起来。周围好多行人也停下观看热闹，不少人都觉得是店员的不对，说想不到服务态度这么差，以后谁还敢来。

在我们解决顾客的投诉之前，不妨先思考这样一个问题：顾客为什么要进行投诉？很显然，最主要的原因是顾客觉得店铺的商品质量不好，或者服务不好，所以才进行投诉。当然，顾客的投诉不仅仅是为了自己，而且还是为了店铺能够改正这些错误，更好地发展，是为了店铺好。所以说，在面对顾客投诉的时候，店员首先应该摆正心态，怀着感恩之心认真处理，否则，顾客从此对店铺失去信心就不会再来。

那么在日常的店铺销售当中，顾客通常会因为哪些问题而进行投诉呢？面对这些投诉，店员又该怎么应对呢？

（1）产品质量不好

若顾客买到手中的商品质量不良，或是假冒伪劣产品，说明店铺没有把好关，负有不可推卸的责任。解决此类投诉时，要先向顾客真心实意地道歉，并按店铺承诺给予赔偿，同时奉送新商品及一份小礼品作为补偿。若是顾客由于购买了该商品而受到精神上或物质上的损失时，如顾客因使用购买的化妆品造成皮肤上的损伤等，店铺应考虑这一影响，适当地给予赔偿以示安慰。

（2）店员服务不到位

当店员服务态度不好、销售礼仪不当、销售信誉不佳，以及所提供信息不足时，导致顾客投诉也是比较多见的。对于顾客这方面的投诉和抱怨，根本的解决方法是提高店员自身的素质，提供良好的服务。提高店员素质的方法主要有：抓好上岗前职工培训工作，培养良好的职业道德和高水平的服务技能，举办各种业务竞赛活动，采取一些强制性措施，督促店员不断改进自己的服务工作。

(3) 店铺环境设施不好

顾客对店铺的购物环境或服务设施不满时，也会产生投诉。针对这一类型的投诉，店铺的改进措施就是：注意店铺内的安全卫生，经常检查陈列窗的玻璃、天花板上的吊灯、壁饰等是否有破裂、掉落的危险；地面、楼梯是否过于潮湿、光滑等，以免砸伤或跌伤顾客。

(4) 广告有误导作用

通常有两种情况：一是夸大产品的价值功能，不合实际地美化产品。厂商的广告有美化产品的倾向，尤其是那些情感诉求的广告，极力渲染情感色彩，将商品融入优美动人的环境中，给顾客以无限的想象空间，使顾客在激动、欢愉中做出购买决策。二是大力宣传自己的售后服务而不加兑现，这有欺诈之嫌，遭到客户批评抱怨在所难免。

面对这种投诉，除了要给顾客更加合理的解释之外，还应该真诚地向顾客道歉，以此来消除顾客的对抗之心。

(5) 顾客有偏见、成见

偏见、成见往往不合逻辑并带有强烈的感情色彩，靠讲道理的方法难以解决由此产生的投诉。因此，在不影响销售的前提下，店员应尽可能地避免讨论偏见、成见和习惯问题。在无法避免的情况下，应采取一些方法把话题引向别处，或予以委婉说明。有些顾客为表现自己知识丰富、有主见，也会提出种种问题来质问店员，对此店员应予以理解，并采取谦虚的态度耐心倾听。否则，很容易刺伤顾客的自尊心和虚荣心，引发他们的投诉。

(6) 顾客心态不正

若是遇到顾客心境不良时，也可能提出种种投诉，甚至是恶意投诉，借题发挥，大发牢骚。对此，店员应本着"有理、有利、有节"的原则处理问题，如解决不好，应及时向主管领导上报。如果发现对方有明显的污蔑、毁坏店铺名誉的行为，可以直接选择报警。

耐心倾听，安抚顾客的怨气

①耐心倾听的标准是什么？

②如何快速安抚顾客的怨气？

③除了听之外，店员还需要做些什么？

④如何了解顾客内心的感受？

如果顾客到店铺是来投诉的，自然情绪都是非常不好的。面对这种情况，如果店员没有一个良好的态度，投诉的处理是很难取得良好效果的。那么对于处理这些投诉的店员来说，需要什么样的态度呢？除了我们前面所说到的微笑之外，还有一点非常重要：那就是倾听投诉的时候一定要耐心，让顾客把话说完，把情绪发泄出来。

某鞋店的店员，在大清早打算开店营业时，就迎来了一位对该店商品质量十分不满的顾客，这位顾客称："上个星期刚买了三四百的鞋子，穿了不到一个星期，鞋底就开胶了……"

顾客还没有说完，其中一个店员就抢着说："这不可能的，我们这是名牌，有质量保证的。"

顾客怒了："我当初就是冲着牌子来的，结果买的牌子货还不如路边地摊上的，那种鞋子至少不会一个星期就开胶……"

还没等顾客说完，店员又满脸怀疑地打断他的话："你是不是下雨天穿过这鞋子啊？"

顾客彻底愤怒了："请问你，上星期下没下过雨，难道你不知道吗？再说，三四百的鞋子下雨天不能穿，这是谁的逻辑啊？难道这种鞋子是面粉做的吗？"

店员听后不自然地笑了笑，顾客刚想说话，店员立马插话说："先生，您这鞋要修可以，但需到厂家去修，时间会比较长。"

顾客气急败坏地说："我不修，还没过包退期，我不买了，直接给我退钱。不然，我就直接找12315投诉，看看这个问题怎么解决……"

顾客还没有说完，店员又说了："你以为我们怕啊，我们店里的……"一听到这种话，顾客二话不说，就拿起了电话……原本一件很小的事情最终却闹得沸沸扬扬。更重要的是，周围的人知道了这件事情之后，再也不愿意到这个店铺购物了。毕竟，谁愿意购物的时候，生一肚子的气呢？

很显然，该店的店员错就错在不懂得耐心倾听顾客的话，甚至在顾客还没有表达完的情况下，就把顾客的话头给打断。即便顾客当时的情绪是不错的，对店员的这种行为也会不满意，更何况，此时的顾客是来投诉的，情绪相当糟糕。在遭到店员的抢白之后，情绪也就一发而不可收拾了。可以说，这个鞋店风波之所以闹得沸沸扬扬，和店员处理顾客投诉的方法不当有很大的关系。

我们不妨试着换一个角度来思考这个问题：如果这个顾客在投诉店铺鞋子质量不好的时候，遇到的是一个非常有耐心、善于微笑的店员，事情是不是最终能够得到完美解决呢？

那么对于店员来说，在面对、处理顾客投诉的时候，该如何做到有耐心呢？

(1) 减少外界的干扰

听人说话很难，听顾客说话更难，因为顾客的言谈一般都是牵扯利益在内的。所以，当倾听顾客说话时，要集中注意力，聚精会神地听，尽量免除外界的干扰对自己的影响，如店外的人流，自己的同事。切忌不可在听顾客说话说到一半，店员听到电话响，说一句"稍等"就自己接电话了。此外，当面对面交谈时，一定要用眼睛看着对方，切不可在顾客说话时，你的眼神是飘忽不定的。

(2) 适当提问、理清头绪

顾客在倾诉时，一般是不能贸然打断的，但适时地提出疑问，比一个劲点头更有效，这让顾客觉得你确实是在听的。一个合格的倾听者，不但要会耐心地听，还要向说者提出问题，因为这样才能帮说者理出事情的脉络，让谈话能有效地继续下去。有时顾客在气头上，说的话会不知不觉地离最初的主题很远，这时就需要店员在适当时候帮忙点拨一下，这会让顾客心里对你产生一丝好感，从而慢慢平息怒气。

(3) 鼓励顾客说出需要

顾客内心的意见、需要等，当遇到有人愿意倾听时，便会在言语倾诉中不经意地透露出来，所以店员就要鼓励顾客尽量说出心中的需要，而店员在了解了顾客的需要之后，再根据需要解决顾客遇到的问题，那样顾客心里会觉得这个店的店员处理事情效率非常高。

(4) 了解顾客的内心感受

所谓了解顾客的内心感受是指要知道顾客此时心里的想法是什么，他有什么样的打算，他希望听到什么样的话……或许很多店员觉得在处理投诉的时候很难了解到这些情况，其实这不是不能，而是他们不愿意。

善于微笑，拉近与顾客的距离

①微笑的好处有哪些？

②为什么说微笑是对顾客的尊重？

③为什么说微笑是一种良好的心态？

④如何体现微笑的亲和力？

微笑，不管是在哪一个服务行业，都是一把利器。它不仅能够为店铺招来更多的客户，而且能够帮助店铺处理好顾客的投诉，把对店铺的威胁扼杀在摇篮里。

有段时间，希尔饭店在管理上出现了一些问题，导致很多顾客的服务没有做到家。当然，服务不够周到，顾客就会投诉。该如何处理这些投诉呢？希尔饭店的老板思来想去，便把饭店当中最经常微笑的服务员小圆调到了服务部，帮助服务部的人处理这些投诉。

果然，在小圆来到服务部之后，投诉问题就得到了很好的解决，真正达到了让顾客"怒气冲冲而来，高高兴兴而去"的标准，与先前服务部一团糟的情况形成了鲜明的对比。那么小圆是如何做到这些的呢？很多人都在思考这个问题。

在一次全体会议的时候，老板为大家解答了心中的疑问："小圆之所以能把顾客的投诉处理得那么好，并不是她会花言巧语，而是她善于微笑。"

"善于微笑？就这么简单？"大家都觉得很奇怪。

"是的，对于处理投诉来说，微笑就是最好的解决方法。"老板一脸郑重地说，"你们可以想一想，如果你是那个投诉的顾客，你愿意看到什么样的服务人员呢？当你看到服务人员满脸微笑的时候，是不是心里的火就会减少很多呢？"

听了老板的话，同事们心中的疑问才算真正清楚。从此以后，在小圆的带领下，希尔饭店的全体员工都养成了微笑的好习惯。

由此可见，店员的微笑能让顾客的心情在笑中变好，心情好了自然心胸变广，不满意的事情也就一笑而过了。在一般的饭店，顾客间的摩擦是难以避免的，但希尔饭店却有一种其乐融融的感觉，顾客间、店员与顾客间，关系都不是那么紧张，这就是微笑的威力。

微笑是拉近与顾客之间距离的重要手段，在日常经营中，若你的任何条件都不比别的店铺差，那么很有可能是你的经营态度对顾客的消费产生了一定的阻碍作用。

为什么微笑的服务对于店铺来说有着如此重要的作用呢？我们不妨来分析一下：

(1) 微笑是对顾客的尊重

对顾客的尊重是多方面的，不能仅仅从质量或是公道的价格上加以体现，其实面带微笑迎接来来往往的顾客，就是尊重他们的最好体现了。不管顾客买东西与否，都要以微笑服务到最后，这样会让顾客觉得在你这里购物心里很舒坦，即使这次没消费，但有了好印象后，以后的机会多得是。微笑面对顾客，让他们有一种受尊重的感觉，自然下次有机会他们就会想到你了。

(2) 微笑能给顾客好印象

在整个销售环节中，留给顾客第一印象的不是商品质量的好坏和价格的高低，而是店员对顾客是否微笑了。而这个第一印象往往很重要，它将决定你接下去的生意是否成功。小小的微笑，体现的是对顾客的服务态度，这远比广告来得实在、直接。如有的顾客之间会交流逛街经验：那家店的服务员态度很冷，进门后也不声一吭的，觉得压抑。另一家的店员态度很好，脸上总是微笑着，很可爱，我喜欢去她家买东西。如果你的店铺是属于前者，那就要赶快改变了。

(3) 微笑是一种良好的心态

对于店员来说，微笑是一种良好心态的外在表现。试想，如果一个店员没有良好的心态，她能够始终以微笑来面对顾客吗？能够使用微笑的服务来处理顾客的投诉吗？显然是不可能的。

当然，我们已经说过，心态是可以传递的。当一个店员具备良好心态的时候，就很容易把这种良好的心态传递给顾客，自然，一旦顾客具备了这种良好的心态，投诉的愿望也就没有那么强烈了，对于被投诉方来说，压力也就没有那么大了。

(4) 微笑是一种亲和力的体现

不管是老顾客还是新顾客，店员的服务态度就是影响顾客购买欲望的最直接因素。有的店员会对老顾客特别地热情，还时不时笑一笑，但看见新顾客就板着脸，询问时也显得很不耐烦，这会让新顾客觉得自己的这笔买卖是不受重视的。越是新顾客就越要以微笑面对，这是亲和力的体现，会让新顾客在第一次购物时就留下好印象。此外，微笑还是诚意的表现，顾客对很能说的店员，内心里有一种排斥感，觉得不可信，但店员如果能真诚地微笑，顾客心里就会觉得很有说服力。

总而言之，微笑能招来更多的生意，还能为你的店铺树立口碑。做生意，搞经营，顾客的口碑才是最值钱的，而一个好的服务态度，就是店铺递给顾客的一张最形象、最有说服力的名片。因此，端正服务态度，表达诚心实意，不仅能够提高你的生意成交率，还能为你的店铺赢得信誉。

巧妙道歉，有时事半功倍

①如何才能让自己懂得换位思考？

②在聆听顾客不满的时候，该怎么做？

③调查分析的时候该如何做？

④顾客希望店员们如何换位思考？

在处理顾客的投诉时，除了要懂得微笑之外，还有两个非常重要的原则：换位思考以及巧妙道歉。为什么这么说呢？原因很简单：

第一，只有换位思考，才能真正懂得顾客内心的想法，才能真正知道顾客想要什么。

第二，巧妙的道歉，是面对顾客投诉时给予对方的一种心理抚慰，但是对于店铺来说，道歉不能影响店铺的信誉，更不能让别人觉得店铺是不正规的。所以在道歉的时候，一定要巧妙。

那么对于店员来说，该如何才能让自己懂得换位思考呢？有以下两点：

(1) 聆听不满

对待顾客投诉时，一定要让顾客把他心里所想说的话说完，这是最基本的态度，体现出我们对他的重视和尊重。对待顾客的投诉时，要虚心接受，本着"有则改之，无则加勉"的态度来看待顾客的意见和不满，其次要想办法消除这些不满的情绪。

所有相关事项都要仔细听清楚。如果不能仔细听顾客的诉说，中途打断他的陈述，就有可能遭到顾客最大的反感。

简单来说，在聆听不满的阶段当中，除了要了解事情整体的来龙去脉之外，还要让顾客恢复平静。这种做法与人事管理上所设置的顾问咨询有着相同的效果。如果这个阶段进行得很顺利的话，那么可以说这个问题已经解决了一大半，剩下的就是所谓"手续"的阶段而已。但是也不可太大意，因为还可能有些突发事件发生，所以，必须考虑到顾客临时变卦的危险性，要慎重地进行处理。

(2) 调查分析

在接受顾客投诉后，除了调查被投诉商品的情况是否属实外，还应尽早了解顾客的希望和店铺店员的一些看法。然后，尽可能地按照顾客的希望来进行处理，这是解决顾客不满的最完美的方法。但是，要在尽可能不损害店铺利益和顾客利益的前提下妥善解决。

首先分析原因，找出问题的症结，和前例作比较，依照方针进行。

如果找出正确的原因，自然而然可以做出正确的判断。所以想要解决问题，必须先调查清楚：主要原因是什么；毛病出在哪里；以前发生过相同的问题，结果如何呢；是不是要遵照规定的手续和处理方法来办？找出这些问题的答案之后，就不难判断出该如何去处理了。

在接受顾客提出的抱怨和要求时，应尽早地了解顾客的愿望，这是解决顾客不满的关键。为此，店员在平时的业务过程中一定要用心去体会，积累揣摩、听懂弦外之音的经验。

若是顾客用坚定、高昂的语调重复陈述一件事实时，可以大致猜出这就是顾客心中所想。

当顾客反复强调商品的缺点，而不是主动提出退货或者不是强烈要求退货时，说明顾客希望降价销售。

假如顾客问店员"你觉得怎样"，表示他对讲过的话存有印象，由这些细节也可以找出顾客的本意。

当顾客投诉时，他最希望自己的意见受到对方的同情和尊重，希望自己能够被别人理解。在接受顾客投诉时，必须注意要从顾客的角度说话，理解顾客因不满意所表现出的失望、愤怒、沮丧甚至痛苦，理解他们会在某种程度上责备经营者。具体来说，他们希望经营管理者和服务人员能全部或部分地做好以下工作：

认真听取和严肃对待他们的意见；

了解不满意的问题及其原因；

对不满意的产品和服务予以替换或进行赔偿；

急他们之所急，迅速处理问题；

对他们表示同情和尊重；

希望看到相关因服务出现问题而受到惩罚；

向他们保证类似问题不会再发生；

店员一定要站在顾客的立场，经常想一想"如果我是顾客我会怎样"。

这也就是说，面对顾客的抱怨，店员一定要诚心诚意地表示理解和同情，坦承自己的过失，绝不能站在店铺或其他同事一方，找一些托词来开脱责任。实际上，在投诉处理中，有时一句体贴、温暖的话语，往往能起到化干戈为玉帛的作用。

巧妙的道歉，就是一个平息顾客不满的好办法。一般而言，在顾客投诉初期，他们常常是义愤填膺，情绪非常激动，导致措辞过分激烈，甚至伴有恶言恶语、人身攻击等。在此情况下，我们首先应冷静地聆听顾客的全部委屈，全面了解顾客不满的原因，然后诚恳地向顾客道歉，用"非常抱歉"、"真是对不起"等话语来稳定顾客的情绪，稍后再商谈投诉之事，这样问题就比较容易解决了。那么，在向顾客进行道歉的时候，应该如何做呢？同样有几点需要考虑：

（1）在顾客面前检讨得失

在解决顾客投诉的过程中，负责投诉处理的店员要把顾客投诉的意见，在处理记录表上进行记录，深入分析顾客的想法，这样顾客也会有慎重的态度。而每一次投诉记录都将存档，以便日后查询，并定期检讨产生投诉意见的原因，从而加以修正。

（2）承诺将问题通报公布

对所有顾客的投诉意见及其产生原因、处理结果、处理后顾客的满意程度以及店铺今后的改进方法，均应及时用各种固定的方式，如例会、动员会、早班会或店铺内部刊物等，告知所有店员，使全体店员能迅速了解造成顾客投诉意见的种种缘由，并充分了解处理投诉事件时应避免的不良影响，以防类似事件的再次发生。

在顾客投诉发生的开始阶段，如果一线店员和投诉处理人员能够加以平息，往往能起到事半功倍的效果。

当然，我们在处理顾客投诉时，遇到不满情绪，也不可一味地使用道歉的方法来搪塞。除了要诚心诚意地了解顾客的委屈之外，最重要的是一定要把道歉的态度清楚、明白地表现在自己的行为上。

抱怨顾客，等于自绝财路

①面对顾客的指责，为什么不能抱怨顾客？

②面对顾客的抱怨，店员辩解会带来什么样的后果？

③如何快速消除顾客心中的怨气？

④在面对顾客的抱怨时，该如何做？

　　顾客的抱怨，表面上看是顾客的情绪发泄，但实则是顾客在通过情绪透露出的需求信息，好好利用就会让你的服务或商品更贴近顾客的心；若你纯粹把顾客的抱怨当作废话，听过就罢，这样你会慢慢失去你的顾客。同样的道理，如果你以同样的方法来抱怨顾客，顾客很有可能会把事情闹大，给店铺带来不好的影响。

　　有一家工艺品店，主要销售精美的鱼缸和珍稀的金鱼。一天，店里来了一位顾客，他的手里拿着一个鱼缸，非常生气地找到店员说："你们卖给我的金鱼，不是我要的'鹅头红'。"

　　店员感到很奇怪，心想怎么会出现这种错误呢？待拿过来仔细一看，发现顾客的鱼缸里确实就是"鹅头红"金鱼。很显然，是这个顾客自己没有认清楚，却抱怨店员。可是即便如此，也不能抱怨顾客，该如何说服顾客呢？

　　正在店员为难之际，店铺里又来了一位客户，而且也是点名要"鹅头红"，店员对刚才那位顾客说："如果真是我们弄错了，可以给您换，请您先参观一下吧。"说完，店员就去帮后来的顾客装上了同样的金鱼，后来的顾客看后直夸该店的金鱼漂亮。

这样的话让先前那位投诉的顾客惊讶极了：原来是自己错了。待后来的那位顾客走后，店员才对他说："先生，您可能认错了，这就是'鹅头红'，您看，是不是呢？"接着，店员简略地介绍了一些该品种金鱼的情况，最后顾客心服口服地走了。

当遇上这样的顾客时，店员心里有抱怨是正常的，但却不能直接诉诸语言。顾客怒气冲冲地前来问罪，虽说这其实是顾客自己没有弄清概念而导致的，但面对反应强烈的顾客，店员做任何辩解都是没用的，就如上例中的店员，明明知道顾客手中的金鱼就是他自己想要的，但直接否定顾客的见解不仅不能解决顾客的怒气，还会让事情更复杂，引起顾客的误会，以为店员不肯给他换，因此，事例中的店员在面对顾客的无理要求时，表现得非常出色。

那么从这个店员身上，我们能获得什么样的启示呢？在面对顾客抱怨的时候，该怎么做呢？以下几点不妨参考一下：

（1）不要与顾客计较

招呼顾客时总会遇到火气比较大的顾客，此时店员若与顾客直接较劲儿，顾客心里的怒气定会越来越大，一不小心会发展成肢体冲突。因此，当遇到这种顾客时，千万别和他计较，要顺着顾客的话平息他的怒气，等气消后再讲明情况。

（2）坚持顾客永远是对的

当遇到爱较真儿但又不喜欢听人提意见的顾客时，店员也是一个普通人而已，要做到喜怒不形于色是很难的，但在那种情况下又不能对顾客有所怨言，唯一的解决方法是：切记顾客永远是对的。无论顾客做什么说什么，都是对的，店员只需要认真服务、毫无怨言地让顾客购买到满意的商品即可。

（3）慎重对待顾客的抱怨

顾客的抱怨，我们不能忽视反而应该要重视。顾客还愿意让你听抱怨，说明他对你的店还有点感情，如果一声不吭才是最危险的。此时，应该慎重地对待顾客的抱怨，不管在不在理、说得正确与否，都要虚心接受，顾客看到你对他的抱怨没有一丝反感，心里觉得过意不去，以后慢慢就不会抱怨了。

（4）不要和顾客辩解

在面对顾客抱怨的时候，很容易遇到一些较真儿的、自以为是的顾客。他们之所以这样表现，无非就是想向别人证明自己的能干。可是，如果这个时候店员选择和顾客辩解，无异于伤害了顾客的自尊心，让顾客觉得没面子。很显然，一旦产生这种情况，顾客内心的怨气就会增加，对于解决投诉来说没有任何的好处。

第 15 堂课

防患于未然
危机处理能力的培养

天有不测风云。在店铺的经营过程中，难免会
遇到一些突发事件。处理好这些突发事件，是店长
必须要做到的事情之一，也是衡量其是否优秀的重
要标准。对店铺人员来说，要想把自己培养成店
长，处理突发事件的能力必不可少。

冷静处理突发事件

①冷静的心态对于店长处理突发事件来说有什么重要性？

②面对突发事件，该如何既不看轻事情，又不扩大事情？

③冷静的最突出表现是什么？

④店长该如何表现得冷静一点？

　　面对店铺突发的危机事件，店长应该以什么样的心态来面对呢？有的店长把事情简单化，对于这些危机事件不管不顾，更不考虑如何把事情完美解决。自然这样的做法是不正确的。而有的店长则过于看重这些事情，以至于出现了惊慌失措的情况。显然这样的表现也是不佳的。

　　从店铺以及事件本身的处理来说，店长最好的、最需要的表现就是冷静。既不看轻这些事情，又不把事情扩大化、严重化。因为只有这样，店长才能真正了解事情发生的经过，才能真正把事情处理好，不影响店铺的声誉和发展。美国一家饭店的服务生玛丽就是一个典型的例子。

　　玛丽是美国一家大饭店的服务生，因工作努力被评为大堂领班。这天，一位正在饭店进餐的顾客突然倒地，口吐白沫，四肢无力。众人见状大惊失色，纷纷指责饭菜中有毒。

　　在这关键时刻，她镇定自若，先打了急救电话后又竭力安抚顾客，并向其他顾客保证饭菜里面不会有毒，但是绝大多数人还是不相信她说的话。

这时，她不顾其他服务生的劝阻当场吃下很多饭菜。为防止谣言扩散，她还请求大家等医生来评判。这样，大家的情绪才有些安定。不一会儿，急救车停在饭店门口。

经验丰富的医生立刻断定，所谓的"中毒者"实则是癫痫病发作。玛丽的勇敢和机智避免了一场由虚惊向灾难的演化，受到公司的高度赞扬，不久被提升为餐饮部经理。

很显然，玛丽的冷静以及及时到位的处理不仅保住了客人的性命，而且也保住了大饭店的声誉。试想，如果没有她当时的冷静处理，后果是不堪设想的。那么对于店长来说，该如何修炼冷静的素质呢？总的来说，店长应该从以下几个方面入手：

（1）懂得控制现场的氛围

所谓控制现场的氛围是指不仅仅要懂得安抚顾客，而且也要懂得安抚店员。毕竟在遇到一些突发事件的时候，顾客的惊慌失措会影响到店员。一旦店员和顾客一同惊慌失措起来，局面就很难控制。并且这种情绪是可以传染的，一旦大家都"染"上了坏情绪，那么就真的很难控制了。

（2）自己不要"吓唬"自己

所谓自己吓唬自己是指很多人在面对一些突发事件的时候，总是会不停地问自己：要是……了，该怎么办？其实很多时候，事情根本就没有想象中的那么严重。他们把事情想得这么严重，不但对解决事情不利，而且会把自己吓倒，不敢着手去解决。所以，在遇到这些突发事件的时候，要正确看待事情的严重性。

（3）亲眼所见，不要听信传言

在面对一些突发事件的时候，很多店长根本没有亲眼去看这些事情，也没有验证别人所说的话是否正确，仅仅是听信传言，就将此当成客观事实。很显然，在这种基础之上解决事情是很难获得成功的。

（4）迅速做好现场人员的调配

在发生突发事件的时候，店长一定要迅速做好现场人员的调配，这样不仅有利于控制事态的发展，而且也有利于店长自身冷静下来。试想，如果没有做好现场人员的调配，所有的事情都需要店长亲自去做、亲自去决断，心绪很快就会变乱，自然也就很难冷静下来。

自如应对顾客的无理取闹

①什么叫自如应对顾客的无理取闹呢？

②面对顾客的无理取闹，忍气吞声的坏处是什么？

③遭遇顾客的无理取闹，店长应该做什么？

从事服务行业的人，难免会遇到无理取闹的顾客。那么在面对这些顾客的时候，店长该如何处理呢？是置之不理让店员去处理呢，还是有理有据地和对方讲道理呢？我想一个聪明的、负责任的店长会选择后者。除此之外，还有一点要做到：自如应对。

什么叫自如应对呢？有一个非常明显的标准：不卑不亢。顾客是店铺的上帝，店员理应对顾客好一点，但是店员不是顾客的奴仆，不应该也没有必要忍气吞声。在面对那些无理取闹的顾客时，就应该做到这一点，就像下面这个事例中的店长一样。

　　"大世界"美食店在这一带小有名气，因此每天来消费的顾客总是很多。在一个晚餐时间，来了一桌顾客，大约五六个人，他们刚落座就大声吆喝服务员。服务员应声而来，那桌顾客点完菜后就冲着服务员喊："做菜快一点，我们都很饿了。"

　　服务员连忙笑着答应。还没等服务员喘口气，那桌的其中一个就大声在那儿嚷："快点啊，怎么还没上一个菜啊？还做不做生意了？"

　　服务员听后赶紧过去解释，可那顾客就是不买账，其余的几个也跟着起哄，说："那么长时间了，你们服务员就不知道催一催吗？"

　　服务员说着"对不起"就去催菜，等她回来，那桌顾客又叫她："好了吗？还没好，我们就不吃了。你怎么做事的？"服务员委屈地说："我已经去催了，何况店里那么多顾客都是比你们先来的。"那些顾客听了后，语气很不满地说："让你快点就快点，那么多废话。"服务员被这群顾客气得不知所措，无奈之下，只有请来店长王先生来处理这件事情。

　　在得知事情的经过之后，王先生来到这些顾客面前，非常真诚地对这些顾客说："现在是吃饭时间，一来呢客人比较多，二来呢大家都很饿，在你们前面还有很多顾客也等着要吃饭，凡事总有个先来后到，是不是？我想如果你们是那些早来的顾客，自然也不希望后面来的人先吃上饭，而自己还在等着。"

　　"我就是让你催催，哪来那么多事情？"其中一个顾客没好气地说。

　　"对不起，厨师不是气球，你催他就能变大，如果各位觉得实在等不了，可以选择其他的地方就餐。在此，我先给各位赔不是了。"说完店长向这些顾客点了点头，离开了。

后来，店长发现，这些无理取闹的顾客并没有选择离开，而是继续留在了店铺。

如上例中的一群顾客，明明看见店里的生意很繁忙，刚点完菜没多久就催着要上菜，服务员再三解释还是没能让顾客理解，最后还以不吃为威胁，言语中对服务员还很不友善，造成服务员忍无可忍，只好去请店长。当然，店长的行为也是可圈可点的，在对顾客讲理的时候，也明确地告诉顾客：你的不合理要求我们是无法满足的。你可以选择继续在这里用餐，也可以选择到其他地方用餐，悉听尊便。自然，这些无理取闹的顾客并不是真的想要无理取闹，只是一种不太健康的心理罢了。在听到店长下的逐客令之后，便乖乖地安静下来了。

其实，在面对顾客不合理要求的时候，无论是店员还是店长，都不能选择用逃避来对待，更不能因逞一时口舌之快而与顾客针尖对麦芒，从言语上的冲突发展到肢体上的冲突，这对人对己都没有好处。当遭遇以上情况时，应从以下几点考虑。

(1) 认真倾听

倾听他们的诉说，以便用你自己的语言归纳他们投诉的要点。当然，你只有认真倾听之后，才知道对方提的要求是不是合理，是不是说得过去。这也是店长判断该如何应对的重要依据。

(2) 做好解释工作

在听了对方的理由，确定了事实之后，接下来就应该对顾客做好解释工作。就像事例中的店长一样，明确地告诉对方现在上菜慢有两个原因：

第一，是吃饭时间，客人比较多，等候是正常的现象。

第二，在你前面有很多等候的顾客，如果你不想等候太长的时间，下次可以早一点过来。

自然，顾客听了这种解释之后，也就无话可说了。因为店长所说的全部是实情。

(3) 多为顾客着想

这一点比较重要，不管对店铺有什么意见，顾客都认为店员只会为店铺开脱，而从不会自己主动承担责任。在遭遇顾客的无理取闹时，店员如果能站在顾客的角度考虑问题，多为顾客着想，那顾客说话就不那么呛人了。如上例中的服务员，应该在一开始就跟顾客说明，目前正是用餐繁忙时段，可能上菜比较慢。并且在了解顾客的需要之后，切实为顾客着想，帮助顾客催促。

(4) 态度要诚恳

当顾客对你的服务或是店铺商品进行无理挑剔时，作为店员，首要的是态度要诚恳。顾客的态度你不能左右，但自己的态度却能掌控。顾客出言不逊，你不能跟着激烈反击，而是应该始终保持微笑，尽情让顾客挑剔，顾客看你始终笑脸相迎，他自己也会觉得这么闹下去没多大意思，情绪能稍微平复。

(5) 控制局面

在对方什么话都不听时，逼他亮出解决问题的方案，同时控制与他谈话的时间，以免对方继续胡搅蛮缠。当你遇到的顾客是无理至极的一类时，任凭你怎么谦卑微笑，顾客还是不肯罢休或是得理不饶人，那时你就可以冷静地请顾客离开，若还是不肯，就可以请警察或相关部门来协调解决。

无理取闹的顾客一般不多，毕竟大家都是相互体谅的。但当你真正遇上时，一定要先礼后兵，不可在事情还未恶化时就让顾客抓住你的小辫子。你的"礼"到了，你的诚意也到了，那你的心也就到了，就没什么难以面对的事情了。

讲究诚信把危机变成商机

①店铺讲究诚信会丧失利润吗？

②店铺不讲究诚信会获得更多利润吗？

③讲究诚信的营销方法对于店铺来说，有什么样的好处？

④如何巧妙使诚信危机变成商机？

无论是店铺还是企业，都进入了一个"大信誉"的时代，即信誉高于一切。如果一个店铺不讲究信誉，那么很快就会被顾客抛弃。同样的道理，如果一个店铺讲究信誉，那么顾客就会记得它、支持它，尽管店铺在兑现承诺、讲究诚信的时候会付出很多，会暂时丧失一些利润。不过这种付出是会得到回报的，而且是巨大的回报。相反，如果店铺不信守承诺，虽然暂时会获得一些利润；但是从长远的角度来说，它会因此而付出更大的代价！

店铺营销出错最常见的就是价格标签出错、结账出错，还有就是广告出错。而说起广告出错，人们自然就想到的"1块钱可乐"事件。

一家商场开张仅仅10天，一大批顾客突然向饮料货柜涌去，抢购1.25升装的百事可乐。但是，当顾客按每两瓶2元，也就是1块钱每瓶的价格付款时，收银员顿时慌了手脚，不知所措……

那么到底发生了什么事情呢？事情还得从前几天商场发布的促销广告说起。

原来，刚开业的商场准备开展为期三天的特价酬宾活动以吸引顾客，并且在当天某报上刊登了一则特价酬宾广告：在数 10 种商品中，百事可乐原价 5.00 元，现价买一赠一（2.00 元）。店铺的原来意思是 1.25 升的百事可乐售价 5 元，同时赠送一听价值 2 元的天府可乐。可是顾客却理解成了买一赠一所需要的就仅仅是 2 块钱。由于广告本身就有歧义，所以造成顾客理解与商家原意不符。

就在顾客与收银员为价格僵持不下时，店长只说了一句话："尊重顾客的意愿。"

正是这句话，该商场出现了疯狂抢购的局面，几十人甚至上百人，不到半个小时就将 500 件百事可乐抢购一空，而商场不得不马上调货补充，并调集保安人员维持秩序。最后为不影响整个商业环境的平衡，商场不得不每人限购两瓶，并在本市报纸上发出启事对原广告进行修正，这才将问题圆满解决。

很显然，该商场卖出的百事可乐大大低于成本价。问及该店损失，店长却说："我不在乎利润的损失，我的宗旨是顾客满意为先。"

其实很多人都知道，这样的活动并不会真的亏本，原因在于两点：第一，顾客在抢购这些出错的商品之外，也会抢购其他的商品，毕竟谁又能知道那些商品之中会不会也有错呢？第二，一旦一个店铺经常发生错误，顾客的贪便宜心理就会作怪，他们就会不间断地去光顾这家商店，自然而然，这家店铺的销售就会获得很大的提高。利润，自然也少不到哪里去。

讲究诚信，单从字面上的意思了解是指店铺对自己做出的承诺要兑现，即便这种承诺不是店铺原本的意思，甚至是顾客误解的意思，店铺都应该按照顾客的理解来执行。但是从店铺营销上来说，这不失为店长处理店铺突发危机的绝妙招术。更重要的是，如果店长真的这么做了，会给店铺带来更大的效益和好处。

从表面上看，"讲究诚信"的促销方案会让店铺蒙受很多损失，就以"1块钱可乐"事例为例，它卖出的百事可乐大大低于成本价。问及该店损失，店长却说："我不在乎利润的损失，我的宗旨是顾客满意为先。"那么该店真的会蒙受很大的损失吗？很多营销学者事后断定该店不仅不会亏本，反而会因此而挣大钱，为什么这么说？原因有以下三个方面：

（1）赢得了顾客的信任

正如该店长所说，顾客的满意和信任对于一个店铺来说是非常重要的，只要赢得了顾客的信任，那么以后顾客就会经常光顾这个店铺。因此，从短时间看，是亏本了；但是从长远看，它取得了很多顾客的信任，从而锁定了顾客，也就锁定了自己的利润。

（2）低价效应

正如"1块钱商品"的促销方案一样，这种低价效应在顾客当中的影响是非常广泛的，只要顾客觉得你的店铺之中有一件商品是低价的，那么他们就会认为其他商品也是低价的，因此，在无形之中就会扩大自己的购买量，而这一切正是店铺利润的来源所在。对于店铺而言，一种商品的低价带来的将是更大的利润，而不是损失。

（3）广告效应

所谓广告效应是指店铺通过这种讲信誉的行为来为店铺做广告，提高店铺的知名度。其实，对于店铺来说，这一点是最为重要的，而且这种广告效应是最为突出的。为什么这么说呢？毕竟店铺自己打的广告很有可能不能博得顾客的信任，但是通过这种诚信危机的事件，能够达到口口相传的效果。所以，顾客觉得可信度很高，广告效应自然也就好很多。

促销要以安全为基础

①安全，为什么是促销的基础？

②保证安全的首要条件是什么？

③安全保障的准备都有哪些？

④安全人员配备的原则是什么？

近年来，因促销而引发人身损害的事故多次发生，已引起人们对零售店铺，特别是超市促销活动中有关公共安全及其保障问题的关注。并且人们也发现了一个普遍的规律：只要这个店铺曾经在促销的时候发生过安全事件，那么以后这个超市在促销的时候，安全隐患就会减少很多。从店铺本身以及促销本身来说，安全是它们的基础。一旦失去这个基础，顾客就会不买账，毕竟谁都不会拿着自己的命去开玩笑。

一天早晨，刘阿姨去附近一个大型超市买东西时，被眼前的场景惊吓住了。原来，超市里的大米搞促销，每斤比其他地方便宜 0.3 元左右，超市还没开门就已经有人在门口排队了。7 点钟超市开始发号，顾客见发号了便使劲挤，虽然现场有几名保安人员在维持秩序，但仍比较混乱。20 分钟后，刘阿姨在拥挤的人群中发现一位老太太躺在地上，且嘴唇发紫、昏迷不醒。而此时的保安却忙着维持秩序,根本就没有发现这个老太太躺在地上。

见此情景,刘阿姨马上打电话叫了救护车,才最终避免了悲剧的发生。后来和这位老太太聊天的时候刘阿姨才知道,那天老太太是被维持秩序的保安推倒的。因为当时人很多,比较拥挤,两个保安也看不清楚是谁,就使劲推搡,导致这位老太太滑倒。

后来,刘阿姨在和邻居们聊天的时候说道:"别处大米每斤 1.99 元左右,这家超市也就便宜 3 毛,且每人限购两袋,即使实际便宜不多还是吸引了很多老年人。我还听说有人夜里两点就在超市门口等着了。搞促销让利是没错,可超市也得负责维持秩序啊,像那天这样多危险啊!"

此时邻居则说道:"是啊,这个超市看来不是特别正规,以后我们啊还是少去为好,不能为了省那一点钱,而把自己搞到医院里去,得不偿失啊。"

"是啊,是啊。"其他人附和道。果然,在发生了这件事情之后,这个超市再举行促销活动的时候,效果就没有那么好了。很显然,大家都怕了。

超市搞促销本来是让顾客高兴的事情,但若是在购买过程中出现踩踏,伤及人身安全就不是好事了。事例中的老太太不该贪图大米便宜,而不考虑自己年纪已大还去抢购,固然有一部分责任,但最大的责任方还是超市。在发号时就已经清楚势必会引起大米抢购潮,就应安排更多的保安人员维持现场秩序。更何况,老太太是被保安盲目推搡导致滑倒的,超市的责任就更加不能推脱了。

对于店铺来说,为了极力避免因促销行为所引发的安全问题出现,应做到以下几点。

(1) 具备安全意识

具备安全意识,是店铺促销时保证安全的首要条件。很多店铺之所以频发安全事件，原因就在于他们根本就没有相关的意识。我们都知道，只有具备相关的意识，才能真正有所行动，才能真正保障安全。

（2）做好保障安全的准备

在具备意识之后，还需要做的一件事情就是做好准备。比如说物质上的准备、人员上的准备、制度上的准备、方案上的准备，等等。就以事例中的超市来说，之所以发生了老太太被推倒的安全事件，很大程度上是因为准备工作做得不到位所导致的。试想，如果店铺准备周到，如在地面上铺设防滑垫，或者专为老年人开设一条通道，是不是情况就会好很多呢？

（3）人员配备要到位

这里的人员不仅仅是指维持秩序的保安，而且包括相关的店员。比如说店铺的包装员、过秤员、引导员、收银员……总之一点，人员的配备要足够应付顾客的消费。否则一旦一个地方出现人过于聚集的情况，就很容易引发安全问题。

（4）具备相应的安全设备和管理措施

在促销活动现场应事先准备好相应的安全设备，为可能发生的意外状况准备一个应急的措施。此外，现场的安全设备要齐全，整个促销点的秩序管理也应有对应的人手。促销规模较大的活动，需要多安排人员，不能等到有意外状况发生了，相关的管理人员还迟迟到不了现场进行处理。

（5）确保消防安全通道的畅通

促销点的人员拥挤是难以避免的，当有意外情况时，如何顺利快速地疏散拥挤客流就是最关键的举措了。因此，在设计促销场地的格局时，要确保顾客的消防安全通道是畅通无阻的，不能出现场地拥挤不堪且混乱，安全通道无法快速找到的情况。

(6) 保证良好的购物秩序

这一点需要顾客的积极配合，当然这配合也需要店铺相关人员从旁提醒维持才行。有的店铺促销是有时间控制的，在规定时间内购买到就可有优惠，否则没有优惠。为此，顾客只能奋力拥挤，人流一乱难免发生挤压。若店员能尽力帮助顾客维持购买秩序，让整个促销过程都能在井然有序的状态下完成，那样的话促销购物安全就有保障了。

遇到偷窃要妥善处理

①遇到偷窃事件，一般店长的做法是什么？

②在店长处理小偷之前，哪两个问题要解决？

③小偷行为的一般特征是什么？

④在妥善处理偷窃事件的时候，要注意哪些事情？

在店铺经营的过程当中，很容易遇到一些小偷小摸的行为。面对这些小偷，很多店长的第一反应就是把他们抓过来，搜出赃物，然后痛打一顿，扫地出门。似乎只有这么做，才算是让小偷得到了惩罚。

小偷小摸的行为固然可恨，但是店长的这种过激行为也不值得肯定。因为在店长这么做之前有两个问题需要解决：

第一，这个人是不是真的小偷还不能确定，在搜出赃物或者对方承认之前，只是一个嫌疑人。

第二，店长虽然是一店之长，但他不是警察，没有权力对嫌疑人进行搜身，以获得证据。否则就很有可能像下面这个事例中的店铺一样，不仅酿成了惨剧，而且店铺也不复存在了。

曾经有一件事情传得沸沸扬扬：某超市发现了一个偷窃物品的小偷。在发现这个小偷之后，此超市的店长带着保安把她扣下，不仅在未经得对方同意的情况下对她进行了搜身，并且在搜寻未果的情况下，店长竟然亲自动手，将对方的衣服扒下检查，结果还是没有找到赃物。

这名嫌疑人在被超市放出之后，即在超市门口自杀，理由很简单：她觉得自己的人身尊严受到了侵害。后来警方介入调查之后发现，这个嫌疑人根本就不是小偷，而是一名普通的顾客。也正是因为这件事情，死者的家属将超市告上了法庭。

暂且不说这个官司到底是谁赢谁输，就说其他顾客得知这一事件的真相之后，再也不敢去这个超市购物了，无奈之下，这个超市只能关门大吉。

对于店铺的店长来说，防止小偷偷窃，不仅是为了维护店铺的利益，而且也是自身的职责之一。那么如何在茫茫的顾客当中，一眼看到那些偷盗的人呢？

一般来说，小偷的行为大致如下：

虽然很从容不迫，但是在店里走过来，又走过去，看起来似无目的地逛来逛去。这中间，视线并不放在商品上面，反而十分留意周围的动静，一旦目光和店员相接的时候，眼睛露出畏惧的眼神，马上装作拿起商品看看的顾客。

两三个人同时进来，其中一个人和店员交谈，其余的人则分散到店里，装成到处走来走去物色东西的顾客。

穿着不合时节的大衣、外套等衣服，往不易被人看见的地方去。还有的，用手抱着外套、大衣，装作是在看东西的样子，而且都站在阴暗的地方。

很不自然地拿着杂志或报纸，在店里踱来踱去。

故意把很大的包放在商品上面，或者是购物包半开着晃来晃去。

事先预备好容易放东西进去，并容易藏起来的口袋或包，慌慌张张地环视四周，然后很快隐藏起来。

在把偷到手的东西藏起来之前，外表看起来有点怪异，一旦目的达到之后，小偷有两种不同的表现：一种是和普通顾客一样，在店里走走，另外一种是急急忙忙地离开店铺。

那么，在遇到这种情况的时候，店长该如何妥善处理小偷呢？在妥善处理的时候，要注意哪些事项呢？以下几点值得参考：

（1）带到办公室

带到办公室的时候，可以让顺手牵羊的顾客走到前面，也可以由两位职员一前一后带路。假如只有一个店员在前面带路，小偷可能在往办公室的途中把偷拿的商品丢掉，或者隐藏在途中某个店铺，从而给小偷脱罪的机会。

（2）报警

最好的方法是把小偷交给附近的派出所去处理。如果在自己店内处理的话，你毕竟不是警察，主要意思无非是希望小偷把商品还回来。绝对不可以过分盘问，否则反而会造成更严重的问题，这一点一定要注意。

（3）尽量避免在人多的场所

因为店方担心被指控强迫将顾客关在封闭的房间里，所以盘问小偷的时候，应该打开门，但最好是在外面看不到的地方。

（4）注意问话的方法

"刚才您在店铺上拿到的商品，是不是还有尚未付钱的东西呢？如果有冒犯之处请见谅。果然是忘了给钱，那么，麻烦您将那商品拿出来，好吗？"
"如果方便的话，能不能请您把那个袋子里的其他商品给我们看一下？"切记，
这个时候必须由顾客亲手取出，否则有侵犯人身之嫌疑。

（5）软化小偷

最难处理的是，不说出自己的名字，并且反抗说"钱给了就没事"的顾
客，以及不知反省自己行为的顾客。这种时候，除了立即把他（或她）当作
嫌疑犯移交警察之外别无他法。事情演变到这种地步时，如果临时起偷窃念
头的是位女性顾客，不妨把话题引到小孩子或其先生上，那么大概可以软化
她，而不再反抗。

（6）保障对方的尊严

即便对方是小偷，作为店长，你也应该维护对方的尊严。不能私自对对
方进行脱衣、搜身、拷问等违法行为。特别是对于女性嫌疑人来说，更是如
此。否则，将会酿成更严重的后果。